国家社会科学基金教育学青年项目"义务教育资源配置的绩效评估及优化：模型构建与经验分析"（CFA130156）

Performance Evaluation and Optimization of Compulsory
Education Resource Allocation

义务教育资源配置的绩效评估及优化

樊慧玲◎著

科学出版社

北 京

内 容 简 介

当今社会，如何进行有限义务教育资源的合理配置，以最大限度地实现义务教育的价值，成为当前亟待解决的问题。基于此，本书构建了一个包含三阶段绩效的义务教育资源配置绩效优化分析框架，通过分解该框架，分阶段地考查义务教育资源配置的绩效评估。在这一过程中，就每个阶段的绩效问题分别构建评价指标，并分别对规模、效率及均等化绩效进行测度，从而可以更为准确地把握中国义务教育资源配置绩效的评估及优化问题。

本书适合教育学、社会学等领域的在读研究生和高校教学科研人员阅读，也可供教育行政部门管理人员参考和借鉴。

图书在版编目（CIP）数据

义务教育资源配置的绩效评估及优化/樊慧玲著. —北京：科学出版社，2019.12

ISBN 978-7-03-063762-8

Ⅰ.①义…　Ⅱ.①樊…　Ⅲ.①义务教育-教育资源-资源配置-研究-中国

Ⅳ.①G522.3

中国版本图书馆CIP数据核字（2019）第281058号

责任编辑：付 艳 卢 淼 黄雪雯/责任校对：韩 杨
责任印制：李 彤/封面设计：润一文化

科学出版社出版

北京东黄城根北街 16 号
邮政编码：100717
http://www.sciencep.com

北京虎彩文化传播有限公司 印刷
科学出版社发行　各地新华书店经销

*

2019 年 12 月第 一 版　开本：720×1000　B5
2019 年 12 月第一次印刷　印张：11 1/2
字数：201 000

定价：88.00 元
（如有印装质量问题，我社负责调换）

党的十九大报告指出,"我国社会主要矛盾已经转化为人民日益增长的美好生活需要和不平衡不充分的发展之间的矛盾"①。计利当计天下利。"和谐社会"与"科学发展"已经成为新时代的发展主题。社会关注的焦点也随之转变至实现经济社会的平衡与充分发展、逐步缩小经济社会的差距等问题上。教育在经济社会发展过程中所起的作用具有先导性、全局性和基础性的特征,因此,教育差距问题也逐渐成为社会各界重视的社会问题。党的十九大报告指出,"增进民生福祉是发展的根本目的。必须多谋民生之利、多解民生之忧,在发展中补齐民生短板、促进社会公平正义……"②教育差距和经济差距之间的关系密不可分,呈现出互为因果、相互推动的关系。早在1999年,美国智囊机构兰德公司就发布了《缩减教育差异:效益与成本》的研究报告,该报告指出,教育公平能够给政府创造巨额的财政收入,给社会带来巨大的经济效益。③国内相关研究也证

① 习近平:决胜全面建成小康社会 夺取新时代中国特色社会主义伟大胜利——在中国共产党第十九次全国代表大会上的报告. http://www.gov.cn/zhuanti/2017-10/27/content_5234876.htm[2019-09-06].
② 习近平:决胜全面建成小康社会 夺取新时代中国特色社会主义伟大胜利——在中国共产党第十九次全国代表大会上的报告. http://www.gov.cn/zhuanti/2017-10/27/content_5234876.htm[2019-09-06].
③ 刘尧. 公平与效率和谐是教育发展的永恒追求. 中国电子教育,2007(2):1-5.

实，教育差距对经济增长、收入分配以及社会发展都会产生不利影响。"从累积效应看，教育差距对经济增长的影响始终为负。"[1]当前，从中国教育发展的现实情况来看，教育差距问题已经成为阻碍中国经济增长的一个影响因素，地区间的教育差距也已成为影响各地经济差距的重要因素。[2]当期城乡收入差距的主要影响因素就是前期城乡教育差距，前期城乡教育差距每提高1%，将使当期城乡收入差距扩大约5.52%。[3]也有研究表明，中国城乡教育差距每上升1%，城乡收入差距将上升6.4个百分点，而且这种影响正越来越大。[4]

近年来，党和政府对义务教育差距问题越来越关注，而且对此也已经采取了一系列措施。党的十八大报告强调要把"努力办好人民满意的教育……均衡发展九年义务教育……大力促进教育公平，合理配置教育资源，重点向农村、边远、贫困、民族地区倾斜……积极推动农民工子女平等接受教育"[5]等作为下一个阶段党的奋斗目标之一。十八届三中全会通过的《中共中央关于全面深化改革若干重大问题的决定》也进一步指出，要"提高资源配置效率和公平性……推进城乡要素平等交换和公共资源均衡配置"[6]。党的十九大报告进一步指出，"优先发展教育事业……办好人民满意的教育……推进教育公平……推动城乡义务教育一体化发展……"[7]。

针对义务教育而言，义务教育资源的稀缺性是不可回避的现实问题。如何实现有限的义务教育资源在区域之间、城乡之间、校际的合理配置，以最

---

① 王爱民，徐翔. 教育差距、要素生产率与经济增长. 教育与经济，2009（1）：23-28.

② 杨俊，李雪松. 教育不平等、人力资本积累与经济增长：基于中国的实证研究. 数量经济技术经济研究，2007（2）：37-45.

③ 林志伟. 中国城乡收入差距与教育差距的协整性分析. 山西财经大学学报（高等教育版），2006（4）：11-17.

④ 温娇秀. 我国城乡教育不平等与收入差距扩大的动态研究. 当代经济科学，2007（5）：40-45.

⑤ 坚定不移沿着中国特色社会主义道路前进 为全面建成小康社会而奋斗——胡锦涛同志代表第十七届中央委员会向大会作的报告摘登. http://theory.people.com.cn/n/2012/1109/c40531-19530582.html［2017-11-01］.

⑥ 中共中央关于全面深化改革若干重大问题的决定. http://www.gov.cn/jrzg/2013-11/15/content_2528364.htm［2019-09-06］.

⑦ 习近平：决胜全面建成小康社会 夺取新时代中国特色社会主义伟大胜利——在中国共产党第十九次全国代表大会上的报告. http://www.gov.cn/zhuanti/2017-10/27/content_5234876.htm［2019-09-06］.

大限度地实现义务教育的价值，自然会涉及义务教育资源的配置绩效问题。

实现义务教育资源的优化配置，提高义务教育资源配置的绩效水平，推进义务教育的均衡发展是中国多年以来教育工作的重点内容。2006—2010 年，政府在全国范围内逐步开展了对农村义务教育经费保障机制的深化改革，将农村义务教育全面纳入政府财政的保障范围，这有利于从体制上和机制上保障农村义务教育经费问题的解决。随着国家对义务教育投入的逐渐加大，尤其是实施了危房改造工程、义务教育全免费工程、布局调整工程、寄宿制学校工程以及营养工程等多项惠民工程，有效地改善了农村学校的办学条件，基本解决了农村上学难的问题。然而，区域之间、城乡之间、校际的资源配置差距依然明显，义务教育资源配置绩效水平依旧较低。鉴于此，《国家中长期教育改革和发展规划纲要（2010—2020 年）》明确指出，今后教育公平的重点是促进义务教育均衡发展和扶持困难群体，根本措施是合理配置教育资源，向农村地区、边远贫困地区和民族地区倾斜，加快缩小教育差距。该纲要还特别强调，要建立城乡一体化义务教育发展机制，在财政拨款、学校建设、教师配置等方面向农村倾斜，率先在县（区）域内实现城乡均衡发展，逐步在更大范围内推进。[①]

展开对义务教育资源配置绩效评估的研究，是贯彻落实《国家中长期教育改革和发展规划纲要（2010—2020 年）》的现实需要，具有重大的理论意义和应用价值，具体体现为以下几个方面。

1. 为评估义务教育政策实施结果提供理论支撑

《中华人民共和国义务教育法》第六条明确规定，"国务院和县级以上地方人民政府应当合理配置教育资源，促进义务教育均衡发展"。《中华人民共和国国民经济和社会发展第十三个五年规划纲要（2016—2020 年）》也指出，在"十三五"期间要建立城乡统一、重在农村的义务教育经费保障机制，加大公共教

[①] 国家中长期教育改革和发展规划纲要（2010—2020 年）. http://www.moe.gov.cn/jyb_xwfb/ s6052/moe_838/ 201008/t20100802_93704.html［2019-09-06］.

育投入向中西部和民族边远贫困地区的倾斜力度，基本实现县域校际资源均衡配置，义务教育巩固率提高到 95%。党的十七大报告将中国教育事业发展的总体目标精辟地概括为"学有所教"。党的十八大报告和十九大报告均将"学有所教"作为改善和保障民生、促进社会公平实现的一项重点内容。"学有所教"虽然是一个古老的命题，但是，现在该命题已经成为国际社会的普遍诉求，同时也是中国经济社会的现实需要。然而，与此不相适应的是中国当前义务教育资源在地区之间、城乡之间、校际的配置差距较大，义务教育资源配置绩效水平较低。对中国当前义务教育资源配置绩效水平较低的原因进行探讨便成为本书研究的重点。本书以义务教育资源配置的绩效评估及优化为研究对象，以中国改革开放以来的义务教育资源配置政策为研究样本，通过数理模型的建立，为更直观地评估义务教育政策实施结果提供理论支撑。

2. 为优化中国义务教育发展路径提供政策依据

提升中国义务教育资源配置绩效水平，促进义务教育的长远发展，涉及的不仅仅是教育，更是一项复杂的系统工程。教育是民族振兴和社会进步的基石。义务教育资源的优化配置是推进教育公平、实现社会公平正义的需要，是增进民生福祉的一项重要内容。本书从构建义务教育资源配置的绩效评估体系入手，用数据展示当前中国义务教育资源配置的现状并揭示其不足，从中央和地方政府两个层次、制度与行为两个层面上为提高中国义务教育资源配置绩效提供政策建议。

本书遵循传统的"问题—原因—对策"的研究思路，其具体展开可以归纳为"一条主线、三个问题、五个领域"。

"一条主线"，即本书围绕"规模、效率、均等化"这条主线展开。这条主线既贯穿于本书研究活动的始终，又渗透于本书各研究领域的研究之中。

"三个问题"，即"是什么、为什么、怎么样"。具体而言，它是指围绕义务教育资源配置的绩效状况是什么、为什么会出现该状况、怎么样提高绩效水平三个问题对研究对象展开研究。

"五个领域"，即本书研究的主体内容，具体包括以下五个方面。

1）当前中国义务教育资源配置的现状，即当前中国义务教育资源配置的规模水平、空间差异状况及国际比较视野下的资源配置状况。

2）义务教育资源配置的绩效评估。在构建义务教育资源配置绩效评估体系的基础上，从资源配置的规模、效率、均等化三个一级指标层面对中国当前义务教育资源配置绩效进行评估。

3）义务教育资源配置绩效提升的制度因素分析。通过逻辑回归（logistic regression）模型剖析中国当前义务教育资源配置模式及义务教育管理体制等制度因素对义务教育资源配置绩效的影响。

4）地方政府的行为选择对义务教育资源配置绩效的影响。借助政府效用函数的柯布-道格拉斯模型对中国地方政府在义务教育资源配置过程中的目标函数、行为方式及策略选择问题进行研究，以探索其对义务教育资源配置绩效提升的影响。

5）实现义务教育资源配置绩效优化的路径选择。依托前述绩效评估的结果和影响因素剖析，有针对性地从完善义务教育资源配置机制、配置模式以及地方政府政绩考核体系优化等方面为中国义务教育资源配置绩效的进一步优化提供可供选择的路径。

樊慧玲

目录

第一章

绪　论

一、三个基本问题的提出

1. 中国义务教育支出规模应该如何合理增长

对义务教育[①]供给不足，一直以来都是中国政府着力解决的一个主要问题。截至 2012 年的联合国教科文组织统计的相关数据表明，中国义务教育经费占国内生产总值（gross domestic product，GDP）的比重不仅低于发达国家和世界平均水平，甚至还低于部分不发达国家的水平。

党和政府多次强调教育的公平和效率问题，也逐渐将工作重点转向教育领域，如图 1-1、图 1-2 所示。自改革开放以来，中国义务教育支出规模以及义务

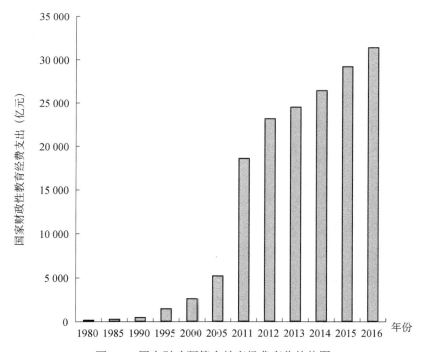

图 1-1　国家财政预算内教育经费变化趋势图

资料来源：根据历年的中国统计年鉴、中国教育统计年鉴和中国教育经费统计资料计算得出。

[①] 世界银行的相关数据中一般使用"公共教育"的概念，具体指的是作为公共物品或准公共物品的教育，包括学前教育、义务教育等基础教育。本书为了保持概念的一致，且保证数据口径的一致性，相关国际数据中的"公共教育"统一使用"义务教育"来表述。

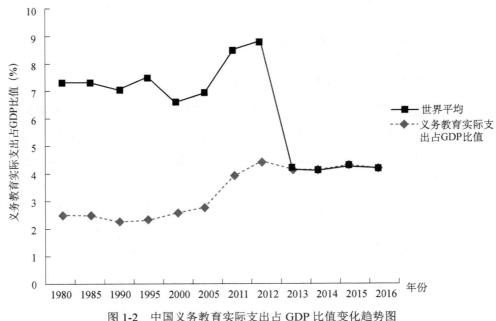

图 1-2 中国义务教育实际支出占 GDP 比值变化趋势图

资料来源：根据历年的中国统计年鉴、中国教育统计年鉴和中国教育经费统计资料计算得出。

教育支出占 GDP 的比重均有所增加。究竟制约中国义务教育支出规模增长的因素是什么，应当如何对现有的中国义务教育支出规模进行测度，将是需要我们深入分析的问题。

2. 中国义务教育资源配置效率应该如何提高

中国的义务教育资源是相对稀缺的，如何实现有限资源的最优配置，最大限度地提高资源配置效率，并将其转换为服务于民众的产品，是一个十分重要的问题。资源配置效率涉及两个层面的问题：一是生产效率，即单位资源投入所换来的义务教育的效果；二是配置效率，即有限的义务教育资源在不同地区或城乡之间的配置关系。通俗地讲，这就是一个关于资源的投入和产出关系的问题。教育投入规模不足固然应引起重视，但无效率的投入更应该引起我们的重视。

3. 中国义务教育资源配置如何实现均等化

教育均等化问题已经成为学界关注的热门话题，尤其是义务教育阶段的均等化问题。义务教育作为政府提供的一项公共产品或者准公共产品，接受义务教育无疑是每个公民都应该享有的权利，但是，中国不同地区之间或城乡之间居民所享受的教育数量或教育质量都存在着较大的差异。以北京和河南地区为例，仅从 2015 年义务教育（小学阶段）生均经费的省际数量差异情况（表 1-1）来看，北京地区的生均教育经费为 33 559.11 元，而河南地区仅为 5902.93 元；北京地区的生均预算内教育经费为 24 383.03 元，而河南地区仅为 4620.63 元。河南地区的生均教育经费和生均预算内教育经费不仅低于北京地区，而且远远低于全国平均水平。这些数据表明，中国义务教育发展中的非均衡问题需要引起我们足够的重视。

表 1-1　义务教育（小学阶段）生均经费地区差异情况（2015 年）　　单位：元

地区	生均教育经费	生均预算内教育经费
北京	33 559.11	24 383.03
河南	5 902.93	4 620.63
全国平均	10 467.31	8 928.28

资料来源：教育部财务司，国家统计局社会科技和文化产业统计司. 2016. 中国教育经费统计年鉴（2015）. 北京：中国统计出版社.

二、国内外研究现状及评价

国内外关于义务教育资源配置绩效的相关研究成果主要体现为义务教育资源配置相关问题和政府绩效评估相关问题两大模块。

1. 关于义务教育资源配置相关问题的研究

该模块的研究主要集中于资源配置方式、资源配置效率评价、资源配置效应分析及如何实现义务教育资源的均衡配置等方面。

1）资源配置方式。中国以往的教育资源配置更多地依靠计划手段来实现，政府处于绝对主导的地位，社会力量整体参与不足。近年来，世界各地的教育资源配置方式呈现出多元化特点，不同教育阶段、不同国家（或地区）的教育资源配置方式具有不同的特点，但政府依然是教育资源配置的主体，如未来政府依旧是教育资源尤其是义务教育资源配置的主体。如美国在义务教育资源配置过程中极为重视市场的力量，注重家长、学生的教育需求。但从更大的范围来看，国际上多数国家在义务教育阶段的教育资源配置主要受政府调控，而市场则是作为一种补充性因素存在的（如私立学校的市场化运作）。这是因为义务教育不仅对受教育者及其家庭有益，而且对整个社会乃至国家都有好处，具有明显的外部正效应。桑贾伊·普拉丹在《公共支出分析的基本方法》一书中曾对此做了详细说明，该书认为义务教育外溢的正效应至少有三个方面：①可引导人们成为好市民，有助于预防和减少犯罪；②可使家庭成员收益增加，并有益于社会；③使私人企业所承担的训练和寻找成本减少。①

2）资源配置效率评价。张杰和赵峰基于多层次灰色理论搭建了基础教育资源配置效果评价指标体系，并建构了多层次灰色评价模型，从人力、财力、物力资源投入三个维度构建了评估指标体系，对基础教育资源的配置效果进行了测度。采用该种综合评价方法，可以及早发现基础教育资源配置过程中所存在的问题，从而为基础教育资源的合理配置提供参考与借鉴。②何孟姐和杨涛通过运用数据包络分析（data envelopment analysis，DEA），构建了与评价指标相应的投入与产出指标体系，运用该方法对教育的资源配置效率开展了相关研究。该研究认为，如果某区县所能够提供的义务教育资源总量是有限的，那么就有必要提高有限资源的使用效率。在区县范围内，运用数据包络分析对义务教育学校的资源配置效率开展评价，能够获取区县内校际资源配置的相对效率，对其进行有效测度，为学校资源配置绩效提供可行性的方案。构建可行性的评价指标体系，需要与评价目标相适应。与此同时，既要建构投入—产出指标体系，又要兼顾测度数据的可得性和测度结果的准确性。③

3）资源配置效应分析。许玲丽和周亚虹关注的重点在于义务教育资源的不均衡配置对升学机会、阶层分化以及地区经济增长的影响。许玲丽和周亚虹通过运用中国综合社会调查（Chinese general social survey，CGSS）的数据设置了教育生产函数，开展了义务教育资源配置对初中升学机会所产生的影响分析。研究的结果表明，教育的扩张能够为城镇居民提供更多的升学机会，但是对农村居民的升学机会几乎没有影响。④张辽在多变量风险价值（value at risk，

---

① 桑贾伊·普拉丹. 公共支出分析的基本方法. 蒋洪，魏陆，赵海莉译. 北京：中国财政经济出版社，2000：132.
② 张杰，赵峰. 基于多层次灰色理论的基础教育资源配置效果测评研究. 河南社会科学，2012（6）：67-69.
③ 何孟姐，杨涛. 区域教育资源配置效率：基于 DEA 技术的评价与改进. 中小学教育，2012（6）：15-18.
④ 许玲丽，周亚虹. 义务教育资源配置对初中升学机会的影响. 上海经济研究，2015（12）：25-35，44.

VAR）模型的基础上，通过对协整分析和误差修正模型（error correction model，ECM）的运用开展了相关研究，发现从长远来看，教育支出的增加能够促进各个地区的经济增长，然而，如果通过人力资本存量的提高来促进经济的增长，其结果在不同地区的表现可能是不同的。模型方差分析的结果表明，在东部沿海地区、中部地区和西部地区，教育支出是影响 GDP 的一项最重要的因素；在东部地区，教育支出能够促进 GDP 的增长，人力资本存量几乎起着同等重要的作用。①

4）如何实现义务教育资源的均衡配置。张家军和靳玉乐从伦理学的视角，基于目标价值导向，提供了促进基础教育资源均衡配置的路径选择。该研究认为，基础教育资源的配置起着支配性作用，会直接影响基础教育的效果和质量。在基础教育资源的配置过程中，中国存在着不公平现象，现实的表现是显性教育资源配置中的"城市优先"和隐性教育资源配置中的"城市取向"。之所以出现此类不公平现象，张家军等认为，政府在目标价值导向上选取的是"效率优先"，在政策导向上选取的是"城市优先"，在教育对象的选择上确定的是"精英优先"。为此，既需要保障基础教育资源配置制度的自身公正，同时还需要实行教育公平的补偿制度，最终实现基础教育资源的合理配置。②冯婉桢和吴建涛从经济学的角度，基于增量教育资源配置的视角，研究了如何实现县域内义务教育均衡发展的帕累托最优。该研究认为，义务教育资源能否实现合理配置会影响到义务教育能否实现均衡发展，义务教育均衡发展的推进，需要实现义务教育资源的合理配置，这是一项关键内容。冯婉桢和吴建涛主张，在既有的义务教育资源存量配置的条件下实现增量资源配置模式，应强调对义务教育系统中新增教育资源的合理配置，以推进义务教育动态均衡发展的实现。③

---

① 张辽. 教育资源配置、人力资本积累与经济增长——基于区域比较的研究. 中央财经大学学报, 2012（8）：61-66，67.
② 张家军，靳玉乐. 基础教育资源配置的伦理思考. 中国教育学刊, 2010（10）：24-27.
③ 冯婉桢，吴建涛. 我国县域内义务教育均衡发展的帕累托路径研究——基于增量教育资源配置的视角. 教育学术月刊, 2012（6）：52-54.

2. 关于政府绩效评估相关问题的研究

该模块的研究主要集中于政府绩效评估的认知历程和政府绩效评估过程两方面。

（1）关于政府绩效评估的认知历程的研究

国外对该方面的研究主要包括四个阶段。①20世纪初至20世纪40年代为开始阶段。该阶段注重开展对政府的经济和效率水平的调查、研究、审视和评价。在此期间，政府绩效评估发展缓慢，仅限于对投入、产出和社会环境的关注。但是，该阶段出现的对政府绩效开展评估的新理念，以及由此产生的专门研究政府绩效的组织和学术团体，都为开展政府绩效评估的后续研究奠定了坚实基础。②20世纪40年代至20世纪70年代为真正开展政府绩效评估的新阶段。该阶段所开展的政府绩效评估起到了非常重要的作用，在诸如提高政府服务质量、控制行政成本、提高生产效率以及其他特殊问题的解决等方面均有所表现。③20世纪70年代至20世纪90年代为大规模发展阶段。除英美之外的其他国家的公共组织绩效评估均得到了广泛应用。该阶段的政府绩效评估有着系统化、规范化和制度化的特征，同时，绩效评估的重点也发生了变化，政府也进一步改善了评估方法。在该阶段，政府绩效评估不仅在美国获得了蓬勃发展，政府绩效评估的理念和实践也在英国政府的推动下实现了进一步发展。英美之外的其他国家也在纷纷效仿，使得政府绩效评估得到了广泛应用。④20世纪90年代末至21世纪初，该阶段的政府绩效评估更具有法制化的特征。部分发达国家，如美国、英国、日本等都逐步制定了与政府绩效评估相关的法律法规。另外，该阶段政府绩效评估技术也得到了更好的发展，尤其是更多地应用了信息技术和量化分析技术，对政府绩效评估程序的公正性进行了进一步的改进。在该阶段，多元评估主体参与的这一形式更加受到推崇和效仿。

（2）关于政府绩效评估过程的研究

该方面研究主要围绕"为什么评估、谁来评估、评估什么以及怎样评估"来展开。

1）"为什么评估"。王建民在该方面的研究着力于"政府编制年度预算、地方政府完成五年规划、按贡献分配收益、人员晋升和职业生涯规划等方面的需要"的论述。①

2）"谁来评估"。该方面的研究指的是参与政府绩效评估的主体问题。当前参与政府绩效评估的主要有政府、企业和社会公众三类主体。根据评估主体是来源于政府内部机构还是政府外部机构，可将政府绩效评估分为内部评估和外部评估两类：政府自身的评估，评估主体来自政府内部机构，该类评估属于内部评估；企业和社会公众评估，评估主体来自政府外部机构，该类评估属于外部评估。不过，学界对不同主体在评估体系中的地位有着不同的看法。

3）"评估什么"。该方面的研究指的是评估哪些政府行为。对于评估内容的研究，学界主要从诸如"与政府职能相联系进行分类、与政府的价值取向相联系进行分类、通用模型式的政府绩效评估指标体系"等方面开展研究。②

4）"怎样评估"。该方面的研究主要着力于政府绩效评估的手段和方法的论述。对于研究手段的争论主要集中于"结果控制还是过程控制、定性考核还是定量考核、统一标准还是方法各异"。

3. 简要评价

综上可以看出，现有研究已取得了丰富的成果，为本书奠定了良好的理论基础。但总体上呈现出"两多两少"的趋势：①对义务教育资源配置效果的研究着眼于单一的效率指标或单一的均衡效果指标的成果多，而系统地对义务教育资源配置绩效进行研究的成果少；②从研究方法上看，定性论述的成果多，精致的定量研究成果少。

本书从规模、效率和均等化三个系统性的一级指标入手，构建较为系统的义务教育资源配置绩效评估体系，并对义务教育资源配置绩效的影响因素进行筛选，以使本书的研究更具说服力，政策建议更具针对性。

三、核心概念的厘定

1. 义务教育

义务教育是由英文 compulsory education 翻译而来的，最初有人将其翻译

---

① 王建民. 中国地方政府机构绩效考评目标模式研究. 管理世界，2005（10）：67-73.
② 刘海萍. 近年来我国政府绩效评估研究综述. 行政论坛，2008（4）：42-45.

为"强迫教育""普及教育""免费教育""初等义务教育"等。"'义务教育'一语由日本人就英语 compulsory education 译出，中国沿用之。"[①]一般而言，义务教育指的是国家根据相关法律规定保障适龄儿童接受规定年限的教育，兼具全民性、强制性、福利性和政府保障性等特点，其中，强制性是义务教育与非义务教育最根本的区别。义务教育年限的确定，因世界上实施义务教育的国家自身生产力发展水平的不同而不同，如《中华人民共和国义务教育法》规定中国实行九年义务教育制度，而美国实行的是十二年义务教育制度。

2. 教育资源

从笔者掌握的现有文献资料来看，国内最早使用"教育资源"一词的是韩宗礼，他认为，教育资源是"社会为进行各种教育所提供的财力、人力、物力条件"[②]。学术界更多的是使用"教育投资"这一概念来开展"教育资源"相关问题的研究。自 20 世纪 90 年代以来，中国学术界才越来越多地应用"教育资源"这一概念。顾明远先生在《教育大辞典》中对这一概念给出了权威解释：教育资源也可称作"教育经济条件"，即教育过程中所占用、使用和消耗的人力资源、物力资源和财力资源的总和。[③]后来经过多名学者的阐释，学术界普遍认定的"教育资源"指的是教育活动中所投入的各种资源的总称，主要包括人力资源、物力资源和财力资源三个方面。人力资源主要指的是师资水平，诸如学历、职称、年龄等；物力资源主要指的是学校的办学条件，诸如图书资料、仪器设备等；财力资源主要指的是教育经费投入，诸如生均公用经费投入、仪器设备经费投入、基建维修经费投入等。本书采用上述学术界普遍认定的"教育资源"的定义。资源最重要的特点就是稀缺性，教育资源同一般的经济资源一样，具有稀缺性的特点。

3. 教育资源配置

对于"教育资源配置"的界定，范先佐认为，教育资源配置指的是"在教育资源数量既定的条件下，如何将有限的人力、财力和物力资源在教育系统内

① 周金玲.义务教育及其财政制度研究.浙江大学博士学位论文，2005：45.
② 韩宗礼.试论教育资源的效率.河北大学学报（哲学社会科学版），1982（4）：60-70.
③ 顾明远.教育大辞典：增订合编本（上）.上海：上海教育出版社，1998：799.

部，以及在不同的子系统之间进行分配。以期实现教育资源的最充分利用，尽量满足社会各界对教育资源的需求，实现教育的持续、健康、协调发展"①。上海市教育资源优化配置课题组将教育资源配置界定为，"全社会（政府、企业、社会、家庭及个人）对投入在教育事业上的人力、财力、物力资源在不同使用方向上的分配，以满足经济、社会发展的需要"②。根据前人的相关研究，结合逻辑的完整性和本书研究的需要，本书认为，教育资源配置指的是全社会对教育事业投入的人力、物力、财力资源在不同使用方向上的分配，可分为两个层次：一是总体教育资源如何分配于不同的地区或学校，即宏观层次的配置；二是在教育资源分配既定的条件下，一个地区或学校如何组织并利用这些资源，即微观层次的配置。本书主要着眼于宏观层次的配置，即研究政府如何对义务教育资源实施分配，包括义务教育资源在地区之间和城乡之间的分配。

4. 资源配置绩效

绩效源于英文中的 performance，《牛津现代高级英汉双解词典》对该词给出的解释是"执行、履行；表现、业绩"。由此可以看出，绩效既涉及诸如"执为""履行"此类过程性行为，也包括诸如"表现""业绩"这样的结果。A. 普雷姆詹德认为，绩效表现为效率、产品和服务的数量和质量，以及机构所做的贡献和质量。③由此可以看出，绩效包含节约、效益和效率的含义。唐纳德·E. 坎贝尔认为，绩效本身就是可以由个体控制的、与一定目标相关的行动，而不是行动的后果或者结果。④但是，还有一些学者认为，绩效就是实施一项活动的结果，包括资源投入与获取效果的对比关系，同时也包括资源投入的合理性和结果的有效性。⑤综上，学界基本认定，所谓的绩效是一种为了实现预期目标而实施某项活动的有效性，同时包括过程和结果两个方面。⑥

---

① 范先佐. 论教育资源的合理配置与教育体制改革号关系. 教育与经济，1997（3）：7-15.

② 上海市教育资源优化配置课题组. 上海教育资源优化配置研究主报告. 上海高教研究，1995（5）：37-43.

③ A. 普雷姆詹德. 公共支出管理. 王卫星等译. 北京 中国金融出版社，1995：12.

④ 唐纳德·E. 坎贝尔. 激励理论：动机与信息经济学. 王新荣译. 北京：中国人民大学出版社，2013：108.

⑤ 陆庆平. 公共财政支出的绩效管理. 财政研究，2003（4）：18-20.

⑥ 丛树海. 进一步构建我国地方财政理论和制度体系——《公共选择理论与地方公共财政制度创新》读后. 财政研究，2005（9）：65-66.

5. 绩效评估

义务教育资源配置是政府的基本职能之一，对义务教育资源配置开展绩效评估也属于政府绩效评估的一部分。所谓政府绩效评估指的是，政府自身或者政府外部的其他社会组织运用多种方式对政府决策行为和管理行为所产生的政治、经济、文化、环境等方面的影响及效果进行分析、比较、评价及测度。政府绩效评估的内涵包括两个方面：一是效率，即评判政府公共部门的标准是其所取得的结果，而不是所投入的要素；二是公共责任，即对政府在保障社会公平、提高公共服务质量、增进社会公众选择的机会以及更好地满足社会公众需求等方面的绩效水平进行评定。

四、研究假设与研究方法

（一）研究假设

本书对义务教育资源配置绩效问题进行研究的前提假设如下。

1. 义务教育资源具有可测度性

本书从资源配置的规模、效率和均等化三个系统性的指标方面对义务教育资源配置绩效进行评估，投入的人力、财力、物力资源具有可测度性是本书开展的前提。

2. 地方政府及其官员是具有多元效用目标的经济人

制度主义将行为个体假定为追求自身利益最大化的"经济人"，而社会学制度主义则强调，行为主体在利益追求之外还有实现自身社会价值的需求，而非完全的"经济人"。本书假定当前体制下的中国地方政府具有多重效用目标，政府及其官员的行为属于"多样程度理性"，而不只是简单追求自身利益最大化的"经济人"。

3. 义务教育资源配置的效率与相关的体制环境具有相关性

本书定位于从宏观层面来看中国义务教育资源配置绩效水平的优化问题，并不是仅仅局限于具体的义务教育层面，就教育而谈教育。本书试图从体制层面来把握和看待中国的义务教育资源配置绩效的优化路径问题，并假设，过度强调行政本位、依靠计划手段的义务教育资源配置模式及"以县为主"的义务教育管理体制与义务教育资源配置绩效提升具有相关性。

（二）研究方法

本书主要采用的研究方法有系统分析法、比较分析法和文献研究法。

1. 系统分析法

本书以绩效的本质内涵为依托，将义务教育资源配置绩效分解为规模、效率与效果三个具有内在逻辑关联的子系统，系统地分析义务教育资源配置的绩效水平及其影响因素，并最终实现对义务教育资源配置绩效的全面评估，并对其影响因素进行全面认知。

2. 比较分析法

在对中国义务教育资源配置绩效进行系统评估的同时，也将其置于世界范围内，从整体上比较中国和世界其他国家在义务教育资源配置绩效方面的差异，最终实现对中国义务教育资源配置绩效状况的客观评判。

3. 文献研究法

一是查阅了大量有关义务教育资源配置领域的相关研究成果，以及党的十八大和十九大报告、国家教育事业发展"十二五"和"十三五"规划等重要文件、《国家中长期教育改革和发展规划纲要（2010—2020 年）》等重要政策法规；二是搜集了相关统计资料和数据，包括国家、省、市经济社会发展统计年鉴，国际统计年鉴及联合国和世界银行的相关统计数据，对其进行梳理，积累了丰富的研究资料。

五、本书框架

（一）三阶段绩效分析框架的构建

对于上述三个基本问题的思考，形成了本书的基本框架。本书认为，在实现义务教育资源的优化配置、提高义务教育资源配置的绩效水平、推进义务教育均衡发展的过程中，义务教育资源配置的绩效水平主要表现在以下三个方面：一是政府能否提供足量的义务教育资源以满足社会需求，即规模绩效；二是在既有义务教育资源投入规模的条件下，能否高效率地将义务教育资源投入转化为教育产出，即效率绩效；三是由政府所提供的义务教育资源满足民众教育需求的效果如何，即效果绩效。本书对效果绩效的界定更多的是通过义务教育资源满足公众义务教育需求的公平及均等化程度来体现，也可称之为均等化绩效。

上述三方面绩效是与政府教育支出的经费使用流程相联系的，这三个方面绩效有其内在的逻辑性和关联性。从本质上来说，义务教育资源配置的绩效是义务教育经费支出的使用绩效，而义务教育经费支出基本上会经历三个阶段。①资金筹措阶段，即中国义务教育经费支出的来源问题，这当然毫无疑问出自政府。不过，我们更关注的是政府应该提供多大规模的义务教育经费支出，这些经费支出能否满足公众对义务教育的需求。因此，资金筹措阶段的义务教育资源配置绩效对应于规模绩效。②资金使用阶段，即当义务教育经费支出规模确定下来之后，如何有效使用这些经费，这便是我们重点关注的义务教育经费支出的投入与产出的效率问题。因此，资金使用阶段的义务教育资源配置绩效对应于效率绩效。③义务教育经费和教育产品的分配阶段，即当义务教育经费支出的规模以及使用效率确定以后，接下来就是涉及义务教育资源和教育产品的分配问题，在此阶段，我们重点关注的是义务教育经费和教育产品如何分配，这一阶段对应于均等化绩效。因此，本书将义务教育资源配置的绩效分解为规模、效率和均等化三个绩效层面，能够较好地涵盖整个义务教育资源供给的全流程，有其内在合理性。

因此，本书意欲构建一个三阶段绩效的义务教育资源配置绩效优化分析框架，通过分解该框架，可以分阶段地考察义务教育资源配置的绩效评估。在这一过程中，分别就每个阶段的绩效问题构建评价指标，并对规模、效率及均等化绩效进行测度，从而可以更为准确地把握中国义务教育资源配置绩效的评估及优化问题。具体而言，关于义务教育资源配置绩效的测度主要是开展对教育活动领域中的人力资源、财力资源和物力资源的规模水平、投入产出效率以及在国内不同层级之间的空间均等化水平的测度。本书对指标体系的设定和测度方法的选择都是基于上述界定，具体分析框架可参见图1-3。

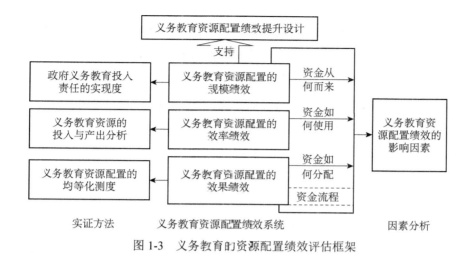

图 1-3　义务教育的资源配置绩效评估框架

（二）构建指标体系的原则

根据本书的研究需要和数据的实际可得性，我们依据以下原则构建衡量义务教育资源配置绩效水平的指标体系。

1）可比性原则。反映义务教育资源配置状况的可选指标众多，为了更好地描述和说明问题，本书选择的是既能够在整体上体现义务教育资源配置状况，又能在城乡之间、地区之间具有统一特征的代表性指标。另外，本书选取的指标既能进行同一对象的历时性比较，又能开展不同对象的共时性比较。

2）可操作性原则。对义务教育资源配置绩效状况的衡量不仅是理论研究的问题，更是偏重实践应用的问题。因此，在对待差距衡量指标的选择上，数据能够具有可操作性尤其重要，即所选取的指标在可量化程度、数据的获得性方面应能够满足研究的需要。

3）系统性原则。系统性要求构建的指标体系具有整体性、关联性、自组织性等特征，整个指标体系能够全面反映义务教育资源的配置状况。同时，教育系统本身就是一个具有自组织性的非线性系统，从对系统的影响力方面来看，各种影响因子不可相提并论，这就要求指标体系的构建需要抓住影响义务教育资源配置的核心因子。

（三）义务教育资源配置的规模绩效评估

长期以来，义务教育资源供给不足是中国义务教育发展过程中存在的主要问题，即义务教育资源供给规模无法有效地满足社会公众的义务教育需求。通常认为，政府的义务教育资源供给规模应当取决于自身所处经济发展阶段和自身财政能力。对于中国义务教育资源配置的规模绩效问题，我们至今尚未形成一个共识，主要原因在于尚未建立起有效的评价指标体系。本书对当前中国义务教育资源配置规模绩效的评估，主要通过采用国际惯用指标开展对政府义务教育投入责任模型的估算，继而验证政府的义务教育投入责任是否缺失；最后，分析中国政府义务教育投入责任的实现状况，以实现对中国政府义务教育资源配置规模绩效的评估。

（四）义务教育资源配置的效率绩效评估

对义务教育资源配置效率绩效的评估主要是通过义务教育资源投入与产出之间的效益关系，以及义务教育资源投入在不同地区或城乡间的配置关系来实现的。义务教育资源配置的效率问题也是义务教育经费支出中最为重要的问题。效率绩效的高低相比于规模绩效、均等化绩效而言，更多地取决于政府的内部管理和制度建设，而不取决于经济发展阶段等客观因素，因而效率问题并没有引起我们足够的重视。本书对义务教育资源配置的效率绩效评估将从经济学角度出发，即将"效率"定位在"经济效率"上；同时，在效率绩效评估过程中，将遵循"边际相等"的原则。具体来说，对义务教育资源配置的效率绩效评估主要集中于对省际和城乡之间配置状况的测度。

（五）义务教育资源配置的均等化绩效评估

对义务教育均等化问题的讨论在中国方兴未艾，但目前对义务教育均等化问题的研究还相对缺乏实证方面的分析和建议。义务教育资源配置均等化的实现，实质上就是义务教育均衡发展的实现。所谓义务教育均衡就是义务教育供给与需求大致处于相当的状态，该状态同时也可作为参照物对城乡义务教育的非均衡发展进行测度。本书第四章以该参照物为标准，并基于数据的可得性，主要选取义务教育的办学条件这一指标，通过硬件设施和师资力量两个分项指标对中国省际和城乡之间的义务教育非均衡状况进行评估。本书主要从城乡间的均等化和省际的均等化两个方面开展义务教育资源配置均等化绩效的测度。

第二章

义务教育资源配置的规模绩效评估

第一节　义务教育经费指标之于义务教育
资源配置规模绩效的意义

一、政府义务教育资源配置的规模绩效的概念

政府义务教育资源配置的规模绩效是指政府实际提供的义务教育规模水平与政府应该提供的义务教育规模水平的相对关系问题。如果政府实际提供的义务教育规模水平达到或是超过了政府应该提供的义务教育规模水平，我们就可以将其认定为规模有效；如果政府实际提供的义务教育规模水平尚未达到政府应该提供的义务教育规模水平，我们就可以将其认定为规模无效。因此，对政府义务教育资源配置规模绩效问题的研究最为基础的问题就是政府应当提供的义务教育规模标准的确定。

二、义务教育经费指标是评估义务教育投入规模的通行指标

教育投入总量的衡量指标主要有绝对指标和相对指标两种。绝对指标指的是教育经费，该指标可以反映教育投资规模的大小，教育经费的增长率可以反映教育投资的增长趋势；相对指标指的是教育经费支出占 GDP 的比重，该指标可以对教育在国民经济中的重要性有一个更直观的反映。

根据国际通行的做法，人们一般采用"义务教育经费支出占 GDP 的比重"或者"义务教育经费占国民生产总值（gross national product，GNP）的比重"[①]

---

① 值得注意的是，GNP 与 GDP 的概念有所差别，统计数值通常略有差异。但一般而言，各国的 GNP 与 GDP 两者数额相差并不大。因为相对而言，GDP 和 GNP 的差异并不大，在一些国家仅提供了一个数据的情况下，本书将用不同国家两个概念的数据直接进行比较。

来对各个国家义务教育经费支出的相对规模进行比较。中国采用财政性教育经费支出来表示义务教育经费支出。

从规范分析的意义上来说，教育是一种特殊的物品或者服务，既有较高的经济价值和功能，同时又兼具广泛的社会价值和功能。在市场经济条件下，教育经费支出应该由政府、企业和家庭共同负担。我们通常所说的教育投入，指的就是包括政府、企业和家庭投入在内的整个社会在教育方面的投入。但是，我们为什么单单用政府的义务教育经费支出这一量化指标来统计义务教育经费支出规模水平呢？其原因主要有以下几个方面。

（一）政府的教育投入对教育事业的发展起着决定性作用

政府在教育方面的投入具有多重功能，其中，每一方面的功能都是不可替代的。现实中，中国政府教育投入的功能主要表现在以下几个方面。

1）教育兼具经济和社会两方面的功能和价值。从经济功能和价值的角度来看，教育活动能够不断向社会输送各类具有一定知识、劳动技能的劳动者，这些受过教育的劳动者通过自己的工作能够获取相对较高的经济收益与精神享受。由于受教育者本人或是其家庭获取了教育的经济价值，所以教育就可以成为受教育者个人或者其家庭所追求的目标，并通过市场机制实现自发调节。然而，从社会功能和价值的角度来看，教育的发展状况直接关乎一个国家精神财富的传承和传播，关系到一个国家的政治、文化及道德素养的培养和提高。既然整个社会都能够享受到教育所带来的广泛的公共利益，教育就不应该只是受教育者个人或是其家庭所追求的目标，而应该是整个社会或是国家所追求的共同需要和公共利益，并由代表公共利益的政府通过政府投入得以实现。

2）教育的经济价值及受教育者所获取的收益具有一定的不确定性。受教育者如果要获取教育的经济价值并从中获得一定的收益，前提必须是受教育者能够正常地接受必要的教育。然而，由于市场机制的存在，不同家庭的经济状况存在一定的差距，这也就意味着不同的人所能享受的受教育的机会与程度是不均等的。譬如，如果不考虑其他因素的影响，低收入者及其子女极有可能会由于家庭收入水平过低而享受不到应有的教育。每个人无法享受到均等的教育机会，这不仅与社会公平的要求不相符，而且还会进一步拉大现有的收入分配差距。由此可见，教育机会均等化的实现，应由代表着社会公共利益的政府来完成，由政府通过教育投入的手段加以实现，譬如，可以由政府直接办教育，抑或对低收入家庭的子女提供一定的经济资助。

3）企业或者家庭所承担的教育责任有出现"缺位"的可能性。如前所述，政府、企业和家庭都应该承担起一定的教育责任，都有其相应的教育投入领域，尤其是企业和家庭更应该在教育投入方面发挥其积极作用。但是，企业和家庭在教育方面的资金投入带有一定的"自发性"，如若受某些因素的干扰，本应由企业或者家庭承担的教育投入便可能出现"缺位"的现象，继而会影响到整个教育事业的发展。为了避免或者防止这种现象的发生，政府需要承担起自身作为整个教育投资领域"拾遗补缺"者的职责，成为整个经济社会活动的最后调节者。

（二）政府的教育投入客观上存在一个"下限"指标

政府对教育的投入若要实现教育多方面的功能和价值，前提必然是有相应的教育投入规模。实际上，在市场经济体制下，政府在教育领域的投入规模存在着一个"下限"指标，亦即政府的教育投入至少要能够使得整个社会对教育的社会价值的共同需要得以满足，要能够保障教育机会均等化的实现，要能够推进教育事业的稳定发展。上述"下限"指标可用公式表示为：政府教育投入的"下限"指标=全社会对教育投入的需要−（家庭的教育投入+企业的教育投入）。

由上述"下限"指标所引申出，政府应该使其自身成为整个教育投入资金来源的最后提供者和唯一调节人。在现实中，经济发展水平和市场化程度的不同，使得各个国家对政府教育投入的下限要求会有所差别，但是，政府的教育投入规模最终都是要与其自身作为整个教育投入资金来源的最后提供者和唯一调节人的角色相对应的。鉴于市场经济体制对政府教育投入规模的客观要求，并充分考虑世界各国政府教育投入的一般水平，1993年，中共中央、国务院颁布的《中国教育改革和发展纲要》明确规定逐步提高国家财政性教育经费支出占GNP的比重，20世纪末达到4%。该项规定只是从一个方面反映了中国教育事业的发展对中国政府教育投入规模的最低限度的要求。

第二节　中国义务教育经费支出规模的现状分析与国际比较

一、中国义务教育经费支出规模的现状分析

如前所述，国际上通常用教育经费支出占 GDP 的比重这一指标对各个国家教育经费支出的相对规模进行比较，对各个国家的政府在教育领域的投入程度进行衡量。义务教育经费支出①指的是由政府财政所承担的支出抑或是与政府相关的支出。中国采用财政性教育经费支出来表示该项指标。

根据表 2-1 的相关数据，我们可以获取 2000—2016 年历年国家财政性教育经费支出总额，国家财政性教育经费支出增长率和 GDP 增长率，国家财政性教育经费支出占 GDP 的比重，国家财政性教育经费支出占财政收入和财政支出的比重，财政收入、财政支出及国家财政性教育经费等各项指标的变化趋势，具体见图 2-1 至图 2-5。

表 2-1　中国财政性教育经费支出相关指标（2000—2016 年）

年份	国家财政性教育经费支出（亿元）	财政支出（亿元）	财政收入（亿元）	GDP（亿元）	财政收入占 GDP 的比重（%）	国家财政性教育经费支出比例（%）	
						占财政支出	占 GDP
2000	2 562.61	15 886.50	13 395.23	100 280.11	13.36	16.13	2.56
2001	3 057.01	18 902.58	16 386.04	110 863.41	14.78	16.17	2.76
2002	3 491.40	22 053.15	18 903.64	121 717.44	15.53	15.83	2.87
2003	3 850.62	24 649.95	21 715.25	137 422.03	15.80	15.62	2.80
2004	4 465.86	28 486.89	26 396.47	161 840.22	16.31	15.68	2.76
2005	5 161.08	33 930.30	31 649.29	187 318.94	16.90	15.21	2.76
2006	6 348.36	40 422.73	38 760.20	219 438.52	17.66	15.70	2.89

---

① "义务教育经费支出"指标主要用财政性教育经费代替，包括国家财政预算内的教育经费，各级政府征收用于教育的税费，企业办学校的教育经费，校办产业、勤工俭学和学校社会服务收入用于教育的支出以及其他属于国家财政的教育经费。

续表

年份	国家财政性教育经费支出（亿元）	财政支出（亿元）	财政收入（亿元）	GDP（亿元）	财政收入占 GDP 的比重（%）	国家财政性教育经费支出比例（%）	
						占财政支出	占 GDP
2007	8 280.21	49 781.35	51 321.78	270 232.33	18.99	16.63	3.06
2008	10 449.63	62 592.66	61 330.35	319 515.54	19.19	16.69	3.27
2009	12 231.09	76 299.93	68 518.30	349 081.42	19.63	16.03	3.50
2010	14 670.07	89 874.16	83 101.51	413 030.33	20.12	16.32	3.55
2011	18 586.70	109 247.79	103 874.43	489 300.64	21.23	17.01	3.80
2012	23 147.57	125 952.97	117 253.52	540 367.41	21.70	18.38	4.28
2013	24 488.22	140 212.1	129 209.64	595 244.42	21.71	17.47	4.11
2014	26 420.58	151 785.56	140 370.03	643 974.4	21.80	17.41	4.10
2015	29 221.45	175 768.00	152 269.23	589 052.11	22.10	16.63	4.24
2016	31 396.25	187 755.00	159 605.00	744 127.23	21.45	16.72	4.22

资料来源：根据历年的中国统计年鉴及历年财政数据计算得出。

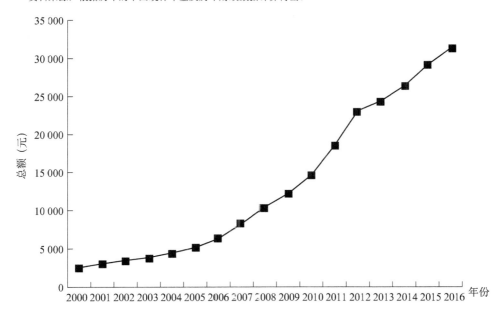

图 2-1　历年国家财政性教育经费支出总额（2000—2016 年）

资料来源：根据历年的中国统计年鉴计算得出。

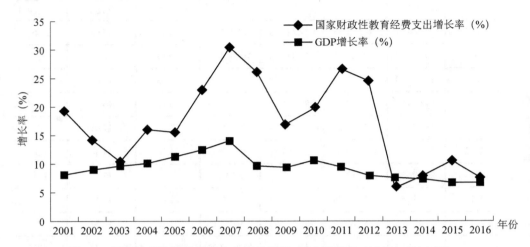

图 2-2　国家财政性教育经费支出增长率和 GDP 增长率（2000—2016 年）

资料来源：根据历年的中国统计年鉴计算得出。

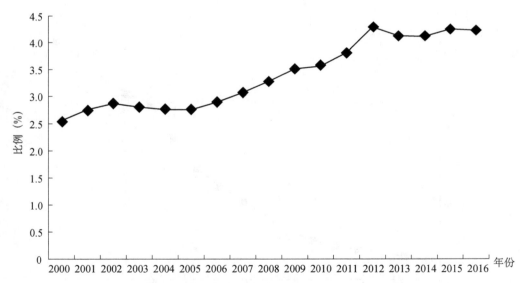

图 2-3　国家财政性教育经费支出占 GDP 的比重（2000—2016 年）

资料来源：根据历年的中国统计年鉴计算得出。

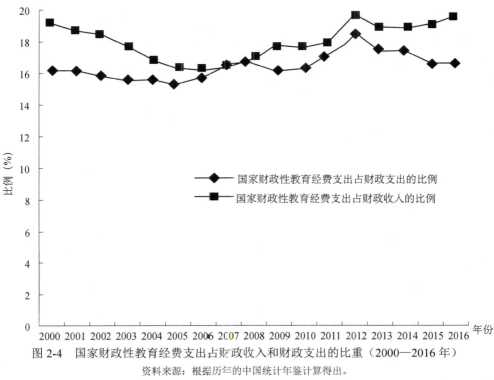

图 2-4　国家财政性教育经费支出占财政收入和财政支出的比重（2000—2016 年）

资料来源：根据历年的中国统计年鉴计算得出。

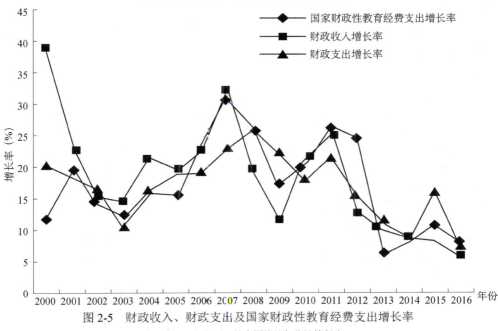

图 2-5　财政收入、财政支出及国家财政性教育经费支出增长率

资料来源：根据历年的中国统计年鉴计算得出。

根据学者在 20 世纪 90 年代初期对 40 个国家的统计经验分析，当财政收入占 GDP 比重在 15%以下时，财政性教育经费支出占 GDP 比重为 2%左右；当财政收入占 GDP 比重在 20%左右时，财政性教育经费支出占 GDP 比重大体为 3%；当财政收入占 GDP 比重在 30%～40%时，财政性教育经费支出占 GDP 比重为 4%～5%；当财政收入占 GDP 比重提高到 40%～50%时，财政性教育经费支出占 GDP 比重也相应增长到 5%～6%。[1]从表 2-1 的有关数据中可以看出，中国财政性教育经费支出基本符合这一规律。

二、中国义务教育经费支出规模的国际比较

（一）义务教育经费支出占 GDP 比重的大小和经济发展水平有一定的关系

从国际横向比较的结果来看，大多数发达国家的义务教育经费支出占 GDP 的比重要高于发展中国家。也就是说，经济发展水平越高，义务教育经费支出占 GDP 的比重越高。如表 2-2 所示，2005 年，义务教育经费支出占 GDP 比重的世界平均水平为 4.20%，其中，发达国家中法国的义务教育经费支出占 GDP 的比重最高，达到了 5.51%，而中国的义务教育经费支出占 GDP 的比重仅为 2.76%，该数值远远低于发达国家和世界平均水平。2010 年，中国的义务教育经费支出占 GDP 的比重达到 3.55%，直至 2012 年实现历史性突破，我国义务教育经费占 GDP 比重超 4%。

表 2-2　中国与世界主要国家义务教育经费支出占 GDP 的比重（2000—2015 年）　单位：%

项目	2000 年	2005 年	2010 年	2011 年	2012 年	2013 年	2014 年	2015 年
世界平均	3.90	4.20	4.90	4.70	4.40	—	—	—
美国	—	5.06	5.43	5.21	5.20	4.93	5.38	—
日本	3.51	3.37	3.64	3.65	3.70	3.67	3.58	
法国	5.50	5.51	5.68	5.51	5.53	5.50		
印度	—	2.88	2.81	3.19	3.41	3.36	3.28	3.59
巴西	3.95	4.48	5.64	5.75	5.80	5.60		
中国	2.56	2.76	3.55	3.80	4.28	4.11	4.10	4.24

资料来源：根据历年的中国统计年鉴和联合国教科文组织的全民教育全球监测报告计算得出。

---

[1]　满学岩. 试比较国内外教育支出占 GDP 的比重及原因分析. 现代经济信息，2013（24）：458-459.

从生均义务教育经费支出的角度来看，通过对中国和世界主要国家的横向比较发现，中国生均义务教育经费支出占人均 GDP 的比重较低。仅以小学阶段为例，如表 2-3 所示，2000 年，中国小学阶段的生均义务教育经费支出占人均 GDP 的比重为 6.2%。该数值低于同年世界发达国家的水平。同期，日本小学阶段的生均义务教育经费支出占人均 GDP 的比重则达到了 20.3%，是中国的三倍多。2010 年之后，中国小学阶段的生均义务教育经费支出占人均 GDP 的比重不断提升， 2015 年中国小学阶段的生均义务教育经费支出占人均 GDP 的比重为 17.7%。[1]

表 2-3　中国与世界主要国家生均义务教育经费支出
（小学阶段）占人均 GDP 的比重（2000—2015 年）　　　　单位：%

项目	2000 年	2010 年	2011 年	2012 年	2013 年	2014 年	2015 年
美国	18.3	22.1	—	20.6	—	—	—
日本	20.3	23.7	—	23.8	—	—	—
法国	17.4	18.4	—	18.5	—	—	—
印度	14.4	—	7.1	9.1	—	—	—
巴西	10.5	21.1	—	21.0	—	—	—
中国	6.2	13.0	13.6	15.3	15.7	16.3	17.7

资料来源：根据历年的中国统计年鉴计算得出。

（二）经济不发达不能成为义务教育投入过低的充分理由

根据《教育部 国家统计局 财政部关于 2012 年全国教育经费执行情况统计公告》，2012 年，国家财政性教育经费支出在 GDP[2]中所占比重为 4.28%。[3]如果通过该项指标来对中国的财政对教育领域的投入水平进行衡量，那么中国在世界上处于较低的水平。根据联合国教科文组织所发布的《全民教育全球监测报告 2015》，大部分发达国家的义务教育经费支出在 GNP 中所占的比重都在 5%以上。[4]2012 年，中国的义务教育经费支出在 GDP 中所占的比重首次突破

---

[1]　联合国教科文组织. 全民教育全球监测报告 2015，2015.

[2]　由于数据的可得性所限，本书使用了 GDP 数值，而不是联合国教科文组织所采用的 GNP 数值，对本书研究的相关结论影响不大。而且中国历年来的 GDP 略小于 GNP，反而更利于说明本书研究的相关结论。

[3]　教育部 国家统计局 财政部关于 2012 年全国教育经费执行情况统计公告. http://www.moe. gov.cn/srcsite/A05/s3040/201312/t20131227_161346.html［2019-09-06］.

[4]　联合国教科文组织. 全民教育全球监测报告 2015，2015.

4%，然而，中国义务教育投入比重（4.28%）不仅低于世界平均水平（4.4%），按国家收入分类，中国的义务教育投入比重在中低收入国家中也属于较低水平（表 2-4、表 2-5）。

表 2-4　义务教育经费总支出占 GNP 的百分比（按地区分类）（2012 年）单位：%

项目	撒哈拉以南的非洲地区	中欧和东欧	中亚	东亚及太平洋	拉丁美洲及加勒比	北美和西欧	南亚和西亚
义务教育经费支出占 GNP 的比重	4.9	4.9	3.4	3.4	4.9	6.0	3.9
义务教育经费支出占政府教育支出的比重	18.4	11.7	13.0	17.5	—	12.5	12.6

资料来源：联合国教科文组织. 2015. 全民教育全球监测报告 2015.

表 2-5　义务教育经费总支出占 GNP 的百分比（按国家收入分类）（2012 年）单位：%

项目	高收入国家	中高收入国家	中低收入国家	低收入国家
义务教育经费支出占 GNP 的比重	5.4	5.1	4.9	4.0
义务教育经费支出占政府教育支出的比重	12.3	14.9	15.6	14.9

资料来源：联合国教科文组织. 2015. 全民教育全球监测报告 2015.

根据表 2-4 提供的联合国教科文组织的统计数据可以看出，在东亚及太平洋地区的 30 多个国家和地区中，2012 年，义务教育经费总支出在 GNP 中所占的比重为 3.4%。中国 2012 年义务教育经费支出在 GDP 中所占的比重虽然高于东亚及太平洋地区的平均值，但是在东亚地区却依旧属于较低水平。经济合作与发展组织（Organization for Economic Cooperation and Development，OECD，以下简称"经合组织"）发展援助委员会通过对各个国家人均国民收入进行统计，根据收入的差异将世界各国划分为四类：高收入国家、中高收入国家、中低收入国家以及低收入国家。在这种分类方法中，当时中国属于中低收入国家的范畴。通过上述比较可以看出，中国对教育领域的投入在国际上及不发达国家中都属于较低水平。尽管义务教育经费总支出在 GNP 中所占比重和一国的经济发达水平有一定的关系，即通常发达国家的义务教育经费支出在 GNP 中所占的比重更高，不发达国家的义务教育经费支出在 GNP 中所占的比重更低。但是国家的经济不发达并不能成为一国财政对义务教育投入过低的充分理由。

第三节　政府义务教育投入责任的模型估算

一、何谓义务教育的投入责任

义务教育投入应该以政府的财政投入为主要来源，政府的财政投入应该优先保障义务教育领域的投入。政府义务教育经费支出在 GDP 或者 GNP 中所占的比重成为衡量政府义务教育投入水平的重要指标，该指标也能够在一定程度上说明政府对义务教育的投入责任是否缺失。与此同时，国际上，政府义务教育经费支出在 GDP 或者 GNP 中所占的比重，也被作为一项通行的和常用的，且能够代表一个国家的政府对义务教育事业的重视程度和将资金投入义务教育领域的决心程度的指标。[①]对应之前本书对义务教育资源配置规模绩效概念的界定，通过政府义务教育经费支出在 GDP 或者 GNP 中所占的比重便能够对义务教育资源配置的规模绩效进行测度。

联合国教科文组织统计研究所（UNESCO Institute for Statistics）专门提供各个国家义务教育经费支出占 GDP 或者 GNP 比重的数据查询和国际比较的服务。

此外，在经合组织每年发布的年度教育报告 *Education at a Glance* 中，并没有专门公布各个成员义务教育经费支出在 GDP 或 GNP 中所占比重，而是公布了各个成员的义务教育经费支出的绝对数额、各个成员的政府总支出在 GDP 中所占的比重，以及义务教育经费支出在该国公共总支出中所占的比重，并以图示的方式将经合组织各个成员的相关数据进行对比。[②]

中国的教育部、国家统计局、财政部每年都会联合发布全国教育经费执行情况统计公告，专门提供当年中国的公共财政教育支出、公共财政教育支出在公共财政支出中所占比重、公共财政教育支出本年比上年增长幅度、财政经常

---

① UNESCO. Education for All Global Monitoring Report 2008. 2008.

② OECD. Education at a Glance 2008：OECD Indicators. Paris：OECD. 2008.

性收入本年比上年增长幅度、公共财政教育支出与财政经常性收入增长幅度比较等多项指标的数据查询。通过对系列数据的测算，可以评价一个国家对教育事业的重视程度，也能够反映出一个国家的政府在人力资本发展投资方面的投入程度，以及体现一个国家的政府教育投入责任的实现度，进而能够说明一个国家义务教育资源配置规模绩效的高低。

二、政府义务教育投入责任的模型构建

本书忽略了政府的支出偏好等主观因素，仅仅考虑一国的经济发展水平和政府财政能力等客观因素，对中国政府义务教育的财政投入责任展开定量剖析，以验证中国政府的义务教育投入责任是否缺失。

本书以义务教育经费支出占 GDP 的比重（Y）表示政府的教育投入责任；以一般政府收入占 GDP 的比重表示政府的财政能力（X_1）；以人均 GNP（X_2）衡量国家经济发展水平，现实中大多数国家的经济发展的增速明显高于义务教育经费支出的增速，因此，本书对变量 X_2 做对数处理，设定回归模型为

$$Y=\alpha+\beta_1 X_1+\beta_2\ln X_2 \text{[①]} \tag{2-1}$$

由于数据的可得性所限，本书选取了全球范围内的 54 个国家的相关数据，该数据覆盖了发达国家、发展中国家和不发达国家（表 2-6），并运用线性回归方法通过 Stata 软件估算所选定的样本国家的政府对义务教育的投入责任，具体结果如表 2-7 所示。

表 2-6　不同国家义务教育经费支出及财政能力比较（2014 年）

国家	义务教育经费支出占 GDP 比重（%）	一般政府收入占 GDP 比重（%）	人均国民生产总值（美元）
美国	5.38	31.43	54 598.55
阿根廷	5.33	35.65	12 245.26
巴西	5.99	34.00	12 026.62
阿富汗	3.78	24.05	612.07
印度尼西亚	3.28	16.61	3 491.60
不丹	5.92	27.19	2 522.80

---

① 吕炜，王伟同. 发展失衡、公共服务与政府责任——基于政府偏好和政府效率视角的分析. 中国社会科学，2008（4）：52-64，206.

续表

国家	义务教育经费支出占GDP比重（%）	一般政府收入占GDP比重（%）	人均国民生产总值（美元）
柬埔寨	1.90	19.55	1 098.69
老挝	3.32	24.24	2 017.56
马尔代夫	4.15	32.30	7 716.20
尼泊尔	3.98	20.96	706.24
伊朗	2.95	14.22	5 424.31
以色列	5.76	37.40	37 582.85
日本	3.59	32.57	38 096.21
肯尼亚	5.27	20.49	1 335.06
马来西亚	5.20	24.19	11 183.96
巴基斯坦	2.46	15.08	1 316.98
斯里兰卡	1.93	11.74	3 820.54
荷兰	5.53	44.06	52 157.41
白俄罗斯	5.00	40.30	8 318.43
德国	4.95	44.56	47 902.65
意大利	4.08	48.65	35 396.67
比利时	6.59	51.35	47 439.40
奥地利	5.50	49.97	51 322.64
匈牙利	4.66	46.98	14 117.98
瑞士	5.10	31.32	85 814.59
瑞典	7.68	48.49	59 180.20
芬兰	7.17	55.55	49 914.62
葡萄牙	5.13	44.50	22 077.54
西班牙	4.27	37.77	29 600.47
乌克兰	5.86	40.83	3 104.66
英国	5.73	35.79	46 412.12
澳大利亚	5.23	34.03	62 214.61
新西兰	6.34	33.73	44 503.25
孟加拉国	1.96	10.90	1 084.57
泰国	4.13	22.48	5 941.84
越南	5.66	21.43	2 052.32
南非	4.50	28.02	1 812.55
加拿大	5.28	37.63	50 440.43

国家	义务教育经费支出占GDP比重（%）	一般政府收入占GDP比重（%）	人均国民生产总值（美元）
墨西哥	5.31	—	10 452.28
菲律宾	—	18.97	2 842.94
埃及	—	24.98	3 327.75
新加坡	2.92	22.41	56 336.07
丹麦	8.63	56.42	62 425.54
捷克	4.09	39.03	19 744.56
法国	5.49	53.31	42 955.24
希腊	—	43.60	21 673.78
波兰	4.91	—	14 341.67
罗马尼亚	3.13	—	10 020.28
俄罗斯	3.86	37.14	14 125.91
沙特阿拉伯	—	42.30	24 575.40
印度	3.84	19.38	1 573.12
土耳其	4.77	36.04	12 127.23
伊拉克	—	40.49	6 703.07
中国	4.15	28.48	7 683.50

资料来源：国际货币基金组织.世界经济展望. https://www.imf.org/en/Publications/WEO?page=3，世界银行. 世界发展指标数据库. https://data.worldbank.org.cn/.

表 2-7　方程（2-1）回归分析结果

项目	未标准化系数		标准化系数	t	p
	β	标准误	标准误		
常量	1.525	1.024		1.490	0.043
X_1	0.084	0.018	0.700	4.761	0.000
X_2	0.046	0.145	0.046	0.316	0.075
调整的 R^2	0.619				

由此得出政府义务教育投入责任与国家发展水平和财政能力的回归方程为

$$Y=1.525+0.084X_1+0.046\ln X_2 \tag{2-2}$$

其中，方程的拟合系数为 0.619，说明该方程对政府义务教育投入责任的解释概率为 61.9%；方程中各变量的显著性水平均小于 10%，表明解释变量与被解释变量间的线性关系明显。该方程中 X_1、X_2 的系数，表明政府的义务教育投入责任实现度同国家的政府财政能力呈现一种正向相关关系，即随着国家财政能力的提高，政府的义务教育投入责任实现度也随之提高。

三、2014年不同国家政府义务教育投入责任的实现状况

本书根据所选定的 54 个国家的人均 GDP 排序，剔除了数据收集不完全的 8 个国家之后，对剩余 46 个国家按照人均 GDP 排名对其政府义务教育投入责任实现度进行了测度，如表 2-8 所示。

表 2-8　不同国家政府义务教育投入责任实现度比较（2014 年）

国家	人均 GDP（美元）	一般政府收入占 GDP 比重（%）	义务教育经费支出占 GDP 理论值（%）	义务教育经费支出占 GDP 实际值（%）	政府责任实现度（%）
瑞士	85 814.59	31.32	4.68	5.10	109.01
丹麦	62 425.54	56.42	6.77	8.63	127.43
澳大利亚	62 214.61	34.03	4.89	5.23	106.92
瑞典	59 180.20	48.49	6.10	7.68	125.83
新加坡	56 336.07	22.41	3.91	2.92	74.67
美国	54 598.55	31.43	4.67	5.38	115.28
荷兰	52 157.41	44.06	5.73	5.53	96.58
奥地利	51 322.64	49.97	6.22	5.50	88.40
加拿大	50 440.43	37.63	5.18	5.28	101.85
芬兰	49 914.62	55.55	6.69	7.17	107.19
德国	47 902.65	44.56	5.76	4.95	85.88
比利时	47 439.40	51.35	6.33	6.59	104.05
英国	46 412.12	35.79	5.03	5.73	114.02
新西兰	44 503.25	33.73	4.85	6.34	130.70
法国	42 955.24	53.31	6.49	5.49	84.54
日本	38 096.21	32.57	4.75	3.59	75.64
以色列	37 582.85	37.40	5.15	5.76	111.82
意大利	35 396.67	48.65	6.09	4.08	66.96
西班牙	29 600.47	37.77	5.17	4.27	82.57
葡萄牙	22 077.54	44.50	5.72	5.13	89.64
捷克	19 744.56	39.03	5.26	4.09	77.78
俄罗斯	14 125.91	37.14	5.08	3.86	75.92
匈牙利	14 117.98	46.98	5.91	4.66	78.84

续表

国家	人均GDP（美元）	一般政府收入占GDP比重（%）	义务教育经费支出占GDP理论值（%）	义务教育经费支出占GDP实际值（%）	政府责任实现度（%）
阿根廷	12 245.26	35.65	4.95	5.33	107.62
土耳其	12 127.23	36.04	4.98	4.77	95.69
巴西	12 026.62	34.00	4.81	5.99	124.45
马来西亚	11 183.96	24.19	3.99	5.20	130.46
白俄罗斯	8 318.43	40.30	5.33	5.00	93.89
马尔代夫	7 716.20	32.30	4.65	4.15	89.25
中国	7 683.50	28.48	4.33	4.15	95.87
泰国	5 941.84	22.48	3.81	4.13	108.31
伊朗	5 424.31	14.22	3.12	2.95	94.70
斯里兰卡	3 820.54	11.74	2.89	1.93	66.77
印度尼西亚	3 491.60	16.61	3.30	3.28	99.53
乌克兰	3 104.66	40.83	5.32	5.86	110.06
不丹	2 522.80	27.19	4.17	5.92	141.99
越南	2 052.32	21.43	3.68	5.66	153.97
老挝	2 017.56	24.24	3.91	3.32	84.88
南非	1 812.55	28.02	4.22	4.50	106.54
印度	1 573.12	19.38	3.49	3.84	109.98
肯尼亚	1 335.06	20.49	3.58	5.27	147.32
巴基斯坦	1 316.98	15.08	3.12	2.46	78.79
柬埔寨	1 098.69	19.55	3.49	1.90	54.45
孟加拉国	1 084.57	10.90	2.76	1.96	70.96
尼泊尔	706.24	20.96	3.59	3.98	110.94
阿富汗	612.07	24.05	3.84	3.78	98.43

注：政府责任实现度=义务教育经费支出占GDP实际值/义务教育经费支出占GDP理论值。计算过程中各数据保留小数点后四位，最终数据保留小数点后第二位，全书同。

资料来源：中华人民共和国国家统计局. 2014. 国际统计年鉴（2014）. 北京：中国统计出版社.

第四节　中国政府义务教育投入责任的实现状况

我们把中国 1989—2016 年的相关数据代入方程（2-1），考察中国在现实的经济发展水平下，政府义务教育投入责任实现的实际状况，具体结果如表 2-9 所示。

表 2-9　中国政府义务教育经费支出状况统计表（1989—2016 年）

年份	义务教育经费支出（亿元）	财政收入（亿元）	GDP（亿元）	人均 GDP（元）	义务教育经费支出占 GDP 理论值（%）	义务教育经费实际支出占 GDP 比重（%）	政府责任实现度（%）
1989	503.90	2 664.90	17 179.70	1 519	3.18	2.93	92.21
1990	548.70	2 937.10	18 872.90	1 644	3.19	2.91	91.36
1991	617.80	3 149.48	22 005.60	1 893	3.09	2.81	91.06
1992	728.70	3 483.37	27 194.50	2 311	2.97	2.68	90.31
1993	867.80	4 348.95	35 673.20	2 998	2.93	2.43	83.02
1994	1 174.70	5 218.10	48 637.50	4 044	2.82	2.42	85.91
1995	1 411.50	6 242.20	61 339.90	5 046	2.78	2.30	82.73
1996	1 671.70	7 407.99	71 813.60	5 846	2.80	2.33	83.25
1997	1 862.54	8 651.14	79 715.00	6 420	2.85	2.34	82.15
1998	2 031.45	9 875.95	85 195.50	6 796	2.91	2.38	81.68
1999	2 287.18	11 444.08	90 564.40	7 159	3.00	2.53	84.20
2000	2 562.61	13 395.23	100 280.10	7 902	3.07	2.56	83.37
2001	3 057.01	16 386.04	110 863.10	8 670	3.20	2.76	86.37
2002	3 491.40	18 903.64	121 717.40	9 450	3.26	2.87	87.95
2003	3 850.62	21 715.25	137 422.00	10 600	3.29	2.80	85.07
2004	4 465.86	26 396.47	161 840.20	12 400	3.34	2.76	82.59
2005	5 161.08	31 649.29	187 318.90	14 259	3.40	2.76	81.23
2006	6 348.36	38 760.20	219 438.50	16 602	3.47	2.89	83.29
2007	8 280.21	51 321.78	270 232.30	20 337	3.59	3.06	85.19
2008	10 449.63	61 330.35	319 515.50	23 912	3.62	3.27	90.42
2009	12 231.09	68 518.30	349 081.40	25 963	3.66	3.50	95.71
2010	14 670.07	83 101.51	413 030.30	30 567	3.71	3.55	95.78

续表

年份	义务教育经费支出（亿元）	财政收入（亿元）	GDP（亿元）	人均GDP（元）	义务教育经费支出占GDP理论值（%）	义务教育经费实际支出占GDP比重（%）	政府责任实现度（%）
2011	18 586.70	103 874.40	489 300.60	36 018	3.81	3.80	99.79
2012	23 147.57	117 253.50	540 367.40	39 544	3.85	4.28	111.11
2013	24 488.22	129 209.60	595 244.40	43 320	3.86	4.11	106.56
2014	26 420.58	140 370.00	643 974.00	46 629	3.87	4.10	106.00
2015	29 221.45	152 269.20	685 506.00	49 992	3.91	4.24	108.54
2016	31 396.25	159 694.07	744 127.20	53 980	3.85	4.22	110.24

注：1）本表中义务教育经费支出用国家财政性教育经费支出代替。

2）由于数据的可得性，本书使用人均GDP数值代替了原模型中人均GNP数值，对该变量取对数后，影响甚小，进一步而言，中国历年来的GDP略小于GNP，使用人均GDP变量代替人均GNP变量后，得到的政府公共教育投入责任的理论值偏小，政府责任实现度偏高，更好地验证了本书的结论，而不是反之。

资料来源：根据历年的中国统计年鉴和中国教育经费统计年鉴计算得出。

由表2-9可知，中国政府1989—2011年在义务教育方面的投入一直都处于较低水平，直至2012年才达到国家财政性教育经费支出占GDP 4%的目标。自2012年之后，中国政府在义务教育方面的投入责任实现度超100%，处于理想状态。如图2-6所示。

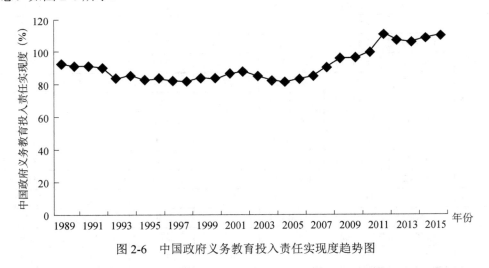

图2-6　中国政府义务教育投入责任实现度趋势图

由图2-6的中国政府义务教育投入责任实现度趋势图可以看出，20世纪80年代后期，中国政府的义务教育投入责任实现度相对较高，主要原因在于该时期中国义务教育投入主要是由国家主导政策实施的；进入20世纪90年代以后，中国政府义务教育投入责任实现度开始下降，可能原因是 1994 年中国实施了分税制改革，政府义务教育投入责任开始下放，地方政府在义务教育等民生领域的投入偏好不足，致使中国义务教育领域的财政投入开始下降。直至 2010年前后，中国政府加大了国家对教育领域的财政投入，政府义务教育的责任投入实现度逐步得以提高。到 2012 年，中国政府的义务教育投入责任实现度达到理想状态。

第五节　本章小结

在本章的研究中，我们重点对中国当前义务教育资源配置的规模绩效进行了考察。本章研究的价值在于，通过对中国义务教育资源配置规模绩效指标的构建，在理论层面，可以相对公平、准确地对中国当前的义务教育资源配置的规模绩效进行评价；在现实层面，可以对中国政府在义务教育资源供给规模方面的政府责任进行厘定。具体来看，本章主要做了以下工作。

1）构建了义务教育资源配置规模绩效评估指标，解决了义务教育资源配置规模绩效难以测定的问题。本章对当前中国义务教育资源配置规模绩效的评估，主要采用了国际惯用指标，即用义务教育经费支出占 GDP 的比重来测度中国义务教育经费支出的规模水平，在中国则主要使用财政性教育经费支出来表示该指标。

2）本章运用笔者自己构建的义务教育资源配置规模绩效的指标，通过政府义务教育投入责任的模型估算，选取了中国 1989—2016 年的样本数据，来验证政府的义务教育投入责任是否缺失，继而开展中国政府义务教育投入责任实现度的分析，来对中国政府义务教育资源配置规模绩效进行评估。

3）通过上述研究过程得出：中国政府在义务教育方面的投入与世界主要国家相比有一定的差距，直至 2012 年才达到国家财政性教育经费支出占 GDP 4%的目标。自 2012 年之后，中国政府在义务教育方面的投入责任实现度一直都处于理想状态。但是，从中国政府与高收入国家在义务教育投入责任实现度方面的比较结果来看，中国与其他高收入国家还存有一定差距。

第三章

义务教育资源配置的效率绩效评估

第一节　义务教育资源配置效率绩效的概念

效率是经济学的一个核心概念，往往将其作为一个评价经济系统投入和产出关系的指标，用来评价用最少的资源投入是否实现了既定目标，抑或是既定的资源投入是否实现了最大效益。经济学中对效率的评价通常采用"帕累托效率准则"。根据提升效率途径的不同，经济系统的效率可以分为配置效率和生产效率。配置效率更多的是对多种类型生产机构的投入和产出进行衡量，提升配置效率的途径是对不同经济子系统中的资源进行重新配置；生产效率更多的是对不同经济子系统内部的投入和产出进行衡量，提升生产效率的途径是加强经济子系统内部的成本管理。本章主要是从配置效率的角度来对义务教育资源配置的效率绩效进行评估。

从教育的投入方面来看，和一般的物质生产部门的资源配置效率相比较而言，教育本身的投入和产出具有较强的复杂性，使得对教育领域的资源配置效率开展评估更为困难。从教育领域的投入方面来看，教育投入来源于多个渠道，不仅包括政府的财政投入，也包括受教育者个人及其家庭的投入，还包括企业的投入或者其他的民间投入等。不同投资主体的投资目标各不相同，故而不同的投资主体组合会产生不同的资源配置结果，最终会产生不同的资源配置效率。

从教育的产出方面来看，教育功能具有多样性的特点，使得教育产出具有一定的复杂性。首先，教育的功能主要表现在人才培养、知识生产和社会服务等方面，每一个方面的功能都会产生相应的产出。其次，教育的产出有直接产出和间接产出之分。如若仅从教育的人才培养方面的功能而言，教育的直接产出指的是教育所培养的人力资本的数量和质量；教育的间接产出指的是教育所培养的人力资本对经济、社会的促进作用。最后，对教育产出进行计量十分复杂，如果仅从教育在人才培养方面的功能而言，人力资本的计量就是教育产出分析中的难点，同时研究者在人力资本的计量方面也存在较大的争议，尚无定法。

另外，教育本身的多级次、多类别的特点也使得对义务教育资源配置效率绩效的测度存在一定的困难。从教育级次的角度来看，教育可分为初等教育、中等教育和高等教育；从教育的类别来看，教育可分为普通教育和职业教育；等等。不同级类的教育有着不同的特征，也具有多样性的功能和不同的投入产出关系。鉴于此，义务教育资源配置的效率绩效评估标准也具有很大的不同，难以找到统一的评价标准和方法，这也使得对义务教育资源配置效率绩效的测度存在一定的困难。

为了更好地对中国义务教育资源配置效率绩效进行测度，在前文对相关概念进行界定的基础上，有必要对义务教育资源配置效率绩效的判断标准进行确定。

在现实中，并不存在经济学中所谓的绝对的帕累托最优，因此，现实经济社会对经济效率的追求更多的是不断地接近帕累托最优的状态。在现实资源配置过程中，最有效率的配置结果是在既定的现实条件约束下所能实现的最优配置，抑或叫"次优配置"。虽然用语言描述帕累托最优的完美状态非常简单，然而事实上究竟是否实现了帕累托最优状态却是很难判断的，主要原因在于从技术上完全准确地对经济社会中每一个个体的成本和收益进行计量是不可能的。通常而言，经济学中对资源配置帕累托最优状态的确定采用的是完全竞争市场实现一般均衡时所满足的条件，即当边际相等[①]时资源配置实现了最优状态。

上述我们主要解决了义务教育资源配置的效率绩效判断标准的确定，主要是把经济学中的一般均衡分析方法作为整体思路。接下来需要解决的就是义务教育资源配置目标的确定。通常而言，在经济学中，经济资源的配置目标要么是社会福利的最大化，要么是生产中所追求的利润最大化，或者是消费者所追求的效用最大化。具体到某一个经济系统，如一个国家用总产出的最大化来衡量。那么具体到义务教育资源配置的问题上，究竟义务教育资源配置要实现什么样的目标？从经济学的视角出发，所有的资源配置最终都要实现社会福利最大化的目标，如若具体到某一个国家或地区而言，资源配置最终要实现社会总产出的最大化。

---

① 边际相等包括所有的消费者对任意两种产品的边际替代率都相等，所有的生产者对任意两种要素的边际技术替代率都相等，并且消费者对任意两种产品的边际替代率等于其边际转换率。

因此，本章对义务教育资源配置效率绩效的测度主要从经济学的视角出发，将义务教育资源配置的"效率"定位于"经济效率"，在对义务教育资源配置效率绩效测度的过程中主要遵循"边际相等"的原则。

本章对义务教育资源配置效率绩效的评估主要是通过义务教育资源投入与产出之间的效益关系，及义务教育资源投入在不同地区或城乡间的配置关系来实现的。根据前文关于义务教育概念的相关界定，义务教育阶段主要包括初等教育及中等教育的初中阶段。与此相对应，本章对义务教育资源配置效率绩效的评估也是分阶段进行的，即分别从小学和初中阶段对义务教育资源在省际和城乡间的配置效率绩效进行评估。

第二节　中国义务教育资源配置效率
绩效评估的理论分析

一、研究假设

假设1：国家由A、B两个区域构成，两个区域的居民有着相同的年龄分布。

学龄居民均须在各自的户口所在地接受义务教育，学龄居民在此阶段不能跨区域自由流动。

假设2：两个区域学龄人口的自然资质有着相同的分布。假设两地学龄人口的平均资质都为$\overline{Z}$。

假设3：义务教育的普及率为100%。

假设4：教育产出取决于教育质量，进而取决于生均教育经费支出。这里所谓的"教育质量"指的是受教育者在接受教育之后所能够获取的劳动生产率（若直接就业）或升学机会（若不直接就业）。因此，教育产出是生均教育经费的增函数，但是随着生均教育经费的不断增加，每新增一个单位的生均教育经费所带来的边际教育产出是递减的。

二、定义变量

1）变量P_A和P_B分别表示的是A、B两区域的义务教育适龄人口的数量，P_A和P_B都是常数。

2）变量e_A和e_B分别表示的是A、B两区域的义务教育生均教育经费，用常数E来表示全社会的义务教育经费总额，则有

$$e_A P_A + e_B P_B = E \tag{3-1}$$

3）变量 Y_A 和 Y_B 分别表示的是 A、B 两区域的义务教育经费产出，Y_A 和 Y_B 是义务教育生均教育经费支出的函数，表达式为

$$Y_A = F(e_A)P_A\overline{Z} \tag{3-2}$$

$$Y_B = F(e_B)P_B\overline{Z} \tag{3-3}$$

其中，$F(e)$ 是义务教育生均教育经费 e 的一阶单调增函数和二阶单调减函数，即随着义务教育生均教育经费支出的增加，义务教育经费产出也会随之增加，但边际义务教育经费产出是随之减少的。

4）变量 Y 表示的是全社会义务教育总产出，并且

$$Y = Y_A + Y_B \tag{3-4}$$

三、构建模型

模型的均衡状态就是在式（3-1）的约束下，能使式（3-4）实现最大化的状态，即

$$\begin{cases} \max(F(e_A)P_A\overline{Z} - F(e_B)P_B\overline{Z}) \\ 约束条件 e_A P_A + e_B P_B = E \end{cases} \tag{3-5}$$

引入拉格朗日乘数 λ，得到函数式

$$F(e_A)P_A\overline{Z} + F(e_B)P_B\overline{Z} + \lambda(E - e_A P_A - e_B P_B) \tag{3-6}$$

$$\begin{cases} F'(e_A)P_A\overline{Z} - \lambda P_A = 0 \\ F'(e_B)P_B\overline{Z} - \lambda P_B = 0 \end{cases} \tag{3-7}$$

由式（3-7）解得

$$F'(e_A) = F'(e_B) \tag{3-8}$$

根据 $F(e)$ 的实际意义，可以由式（3-8）推得

$$e_A = e_B \tag{3-9}$$

至此，模型的推导得出了义务教育资源配置效率实现帕累托最优的均衡条件，即当 A、B 两区域的义务教育生均教育经费相等时，义务教育资源配置效率在两个地区之间达到帕累托最优。

第三节 中国义务教育资源省际配置的
现状及效率绩效评估

本节以 2015 年的数据为基础，通过对中国义务教育资源在省际的配置状况进行描述，来开展对中国义务教育资源省际配置效率绩效的评估。

一、基于购买力平价的模型调整

本章所设定的基本模型中隐含着一个基本假设，即义务教育资源在各地区之间的实际购买力是相等的。然而，各个省（自治区、直辖市）[①]不管在经济发展水平方面还是在消费水平方面都存在较大差异，这也就使得各个省（自治区、直辖市）之间的货币购买力也存在较大差异。鉴于此，在对中国义务教育资源的省际配置效率绩效进行测度的 时候，需要在研究所设定的基本模型的均衡条件中考虑到能够反映出各省（自治区、直辖市）经济发展水平和消费水平的因素，或者说需要用购买力水平对生均教育经费进行调整，在调整的基础上对义务教育资源的省际配置效率绩效进行分析。

学界对区域间经济发展水平和消费水平差距的测度通常采用的只是 GDP、人均 GDP、可支配收入等名义指标，但是，使用这些指标容易造成不同地区的名义收入被高估或者低估的结果，故而需要使用更为合理的真实收入指标来反映各个地区的实际收入水平。本书借鉴购买力平价（purchasing power parity）法，从购买力的角度对各省（自治区、直辖市）的实际收入水平进行测算。

购买力平价法是国际比较货币转化的一种常见的方法，其实质就是根据

---

① 由于数据的可得性所限，本书所有关于省际数据的统计和分析都仅限于中国的 31 个省（自治区、直辖市），香港、澳门和台湾未包含在内，下同。

不同国家不同的物价水平计算出货币之间的等值系数，以便消除价格水平在不同国家之间的差别，使得不同的货币具有相同的购买力。本书根据不同地区之间选取的一篮子商品的价格水平，通过购买力平价计算，得出不同地区的人民币购买力的转换系数，从而使得不同地区之间的名义收入的购买力具有可比性。购买力转换系数不同于居民消费价格指数（consumer price index，CPI）。居民消费价格指数主要用来比较同一地区、不同时期的物价水平的变化；购买力转换系数主要是用来比较同一时期、不同地区之间的物价综合水平，是一个空间价格指数（space price index，SPI）。空间价格指数可以反映不同地区之间货币的实际购买力，从而消除物价水平在地区之间的影响，将名义收入转换成实际收入。①本书所涉及的经济社会数据主要来源于《中国统计年鉴（2016）》《中国区域经济统计年鉴（2016）》《中国城市统计年鉴（2016）》。

本书通过购买力平价法测算出同一时期、不同地区间综合物价水平的空间价格指数，进而消除中国不同省（自治区、直辖市）之间物价水平对义务教育生均教育经费的影响。具体而言，首先根据《中国统计年鉴（2016）》得出关于各省（自治区、直辖市）人均 GDF 的统计数据；其次运用自行测算的中国各省（自治区、直辖市）居民消费空间价格指数，计算出中国各省（自治区、直辖市）的实际货币购买力，并以购买力最低的省（自治区、直辖市）为标准；最后计算出中国各省（自治区、直辖市）的购买力指数。表 3-1 描述了这一计算过程和结果。

表 3-1　中国各省（自治区、直辖市）购买力水平（2015 年）

省（自治区、直辖市）	人均 GDP（元）	居民消费空间价格指数	实际人均 GDP[a]（元）	1 元人民币的实际购买力[b]（元）	购买力指数[c]（西藏=1）
北京	106 497	1.476 9	72 107	0.677 1	1.316 0
天津	107 960	1.587 3	68 015	0.630 0	1.224 5
河北	40 255	1.531 9	26 278	0.652 8	1.268 8
山西	34 919	1.577 4	22 137	0.634 0	1.232 2
内蒙古	71 101	1.441 2	49 334	0.693 9	1.348 6
辽宁	65 354	1.370 1	47 700	0.729 9	1.418 6

---

① 闫梅，樊杰. 基于购买力平价的中国地区间收入差距. 经济地理，2016（6）：1-7，17.

续表

省（自治区、直辖市）	人均GDP（元）	居民消费空间价格指数	实际人均GDPa（元）	1元人民币的实际购买力b（元）	购买力指数c（西藏=1）
吉林	51 086	1.195 8	42 722	0.836 3	1.425 4
黑龙江	39 462	1.300 8	30 337	0.768 8	1.494 2
上海	103 796	1.616 5	64 212	0.618 6	1.202 4
江苏	87 995	1.187 4	74 108	0.842 2	1.636 9
浙江	77 644	1.398 0	55 539	0.715 3	1.390 3
安徽	35 997	1.410 3	25 525	0.709 1	1.378 2
福建	67 966	1.313 1	51 760	0.761 6	1.480 2
江西	36 724	1.565 3	23 461	0.638 9	1.241 7
山东	64 168	1.368 6	46 887	0.730 7	1.420 2
河南	39 123	1.370 4	28 549	0.729 7	1.418 3
湖北	50 654	1.350 5	37 508	0.740 5	1.439 2
湖南	42 754	1.306 1	32 734	0.765 6	1.488 1
广东	67 503	1.616 3	41 763	0.618 7	1.202 5
广西	35 190	1.279 8	27 496	0.781 4	1.518 7
海南	40 818	1.098 0	37 174	0.910 7	1.770 1
重庆	52 321	1.492 5	35 057	0.670 0	1.302 3
四川	36 775	1.506 6	24 410	0.663 8	1.290 1
贵州	29 847	1.403 1	21 272	0.712 7	1.385 2
云南	28 806	1.259 1	22 879	0.794 2	1.543 7
西藏	31 999	1.943 6	16 463	0.514 5	1.000 0
陕西	47 626	1.488 3	31 999	0.671 9	1.305 9
甘肃	26 165	1.824 3	14 342	0.548 1	1.065 4
青海	41 252	1.719 9	23 985	0.581 4	1.130 1
宁夏	43 805	1.910 6	22 928	0.523 4	1.017 3
新疆	40 036	1.270 3	31 516	0.787 2	1.530 0

注：a. 实际人均GDP=人均GDP/居民消费空间价格指数；b. 1元人民币的实际购买力=实际人均GDP/人均GDP；c. 购买力指数=1元人民币的实际购买力/0.5145，其中，0.5145是1元人民币在购买力水平最低的西藏所具有的实际购买力。

资料来源：中华人民共和国国家统计局. 2015. 中国统计年鉴（2015）. 北京：中国统计出版社.

二、小学阶段教育资源的省际配置

根据《中国教育经费统计年鉴（2016）》公布的各省（自治区、直辖市）普通小学生均教育经费的统计数据，结合本书所计算的各省（自治区、直辖市）

普通购买力指数，可以得出 2015 年中国各省（自治区、直辖市）普通小学阶段剔除物价影响之后以购买力计算的生均教育经费。[1]表 3-2 显示了这一计算过程和结果。

表 3-2　中国各省（自治区、直辖市）普通小学生均教育经费情况（2015 年）

名次	省（自治区、直辖市）	生均教育经费（元）	购买力指数（西藏=1）	调整后的生均教育经费（元）
1	北京	33 559.11	1.316 0	44 163.79
2	上海	25 466.96	1.202 4	30 621.47
3	西藏	28 006.36	1.000 0	28 006.36
4	天津	19 134.15	1.224 5	23 429.77
5	江苏	14 119.44	1.636 9	23 112.11
6	内蒙古	17 076.73	1.348 6	23 029.68
7	海南	12 697.85	1.770 1	22 476.46
8	黑龙江	14 346.84	1.494 2	21 437.05
9	新疆	13 826.04	1.530 0	21 153.84
10	吉林	13 792.42	1.425 4	19 659.72
11	浙江	13 786.95	1.390 3	19 168.00
12	青海	15 292.75	1.130 1	17 282.34
13	福建	10 714.66	1.480 2	15 859.84
14	辽宁	11 143.01	1.418 6	15 807.47
15	重庆	12 094.86	1.302 3	15 751.14
16	陕西	11 938.02	1.305 9	15 589.86
17	云南	10 010.07	1.543 7	15 452.55
18	湖北	9 331.73	1.439 2	13 430.23
19	广东	11 004.28	1.202 5	13 232.65
20	四川	10 210.48	1.290 1	13 172.54
21	安徽	9 490.90	1.378 2	13 080.36
22	贵州	9 373.49	1.385 2	12 984.16
23	山西	10 529.32	1.232 2	12 974.23
24	山东	9 053.93	1.420 2	12 858.39
25	广西	7 998.07	1.518 7	12 146.67
26	甘肃	11 281.63	1.065 4	12 019.45
27	湖南	7 996.39	1.488 1	11 899.43

[1]　这里以购买力计算的生均教育经费是指剔除了物价水平差异的生均教育经费，计算公式为：购买力生均教育经费=生均教育经费×购买力指数。

续表

名次	省（自治区、直辖市）	生均教育经费（元）	购买力指数（西藏=1）	调整后的生均教育经费（元）
28	宁夏	11 106.05	1.017 3	11 298.18
29	江西	8 338.09	1.241 7	10 353.41
30	河北	7 668.04	1.268 8	9 729.21
31	河南	5 902.93	1.418 3	8 372.13
	全国平均			17 404.92

资料来源：教育部财务司，国家统计局社会科技和文化产业统计司. 2017. 中国教育经费统计年鉴（2016）. 北京：中国统计出版社；此外还参考了表 3-1 中的相关数据。

通过表 3-2 的数据结果可知，剔除物价水平的影响之后，各省（自治区、直辖市）的普通小学生均教育经费存有较大区别。调整后的普通小学生均教育经费的全国排名前两位的分别为北京（44 163.79 元）和上海（30 621.47），排名最末两位分别是河北（9 729.21 元）和河南（8 372.13 元）。该指标的极差为 35 791.66 元，极差率为 5.28，即该指标值最高的北京（44 163.79 元）是最低的河南（8 372.13元）的 5 倍多。而且，通过表 3-2 我们还可以得知，以购买力计算的各省（自治区、直辖市）普通小学生均教育经费的平均数（17 404.92）高于中位数（15 589.86），这便可以说明部分省（自治区、直辖市）的普通小学的资源配置过多。另外，通过对表 3-2 中各省（自治区、直辖市）普通小学生均教育经费进行排序，还可以得知，东部地区近半数的省（直辖市）排名比较靠前，东部地区的 11个省（直辖市）中有 5 个省（直辖市）都位居前十；而中西部地区的普通小学生均教育经费就明显低于东部地区，排名比较靠后。依照表 3-2 东、中、西部地区普通小学生均教育经费支出的指标排名可知，各省（自治区、直辖市）的经济发展水平会对义务教育资源在省际的配置产生较大影响，本书推断的主要原因在于"以县为主"的义务教育管理体制在中国的实施。但是，又显示出各省（自治区、直辖市）的义务教育经费投入量与地区经济发展水平并不呈明显的正相关关系。[①]

三、初中阶段教育资源的省际配置

根据《中国教育经费统计年鉴（2016）》公布的各省（自治区、直辖市）普

---

① 2014 年地区生产总值前 5 位是广东、山东、江苏、浙江和河南，最后 5 位分别是甘肃、海南、宁夏、青海和西藏，其中未统计港、澳、台地区。

通初中生均教育经费的统计数据，结合本书所计算的各省（自治区、直辖市）购买力指数，可以得出 2015 年中国各省（自治区、直辖市）普通初中阶段剔除物价影响之后以购买力计算的生均教育经费。表 3-3 显示了这一计算过程和结果。

表 3-3 中国各省（自治区、直辖市）普通初中生均教育经费情况（2015 年）

名次	省（自治区、直辖市）	生均教育经费（元）	购买力指数（西藏=1）	调整后的生均教育经费（元）
1	北京	59 471.71	1.316 0	78 264.77
2	上海	37 197.17	1.202 4	44 725.88
3	天津	31 188.16	1.224 5	38 189.90
4	江苏	22 824.03	1.636 9	37 360.65
5	海南	16 525.90	1.770 1	29 252.50
6	西藏	28 922.44	1.000 0	28 922.44
7	新疆	18 887.41	1.530 0	28 897.74
8	浙江	19 956.92	1.390 3	27 746.11
9	吉林	18 206.16	1.425 4	25 951.06
10	内蒙古	19 081.24	1.348 6	25 732.96
11	黑龙江	16 115.36	1.494 2	24 079.57
12	福建	16 077.63	1.480 2	23 798.11
13	湖北	15 326.58	1.439 2	22 058.01
14	青海	19 296.75	1.130 1	21 807.26
15	辽宁	15 322.32	1.418 6	21 736.24
16	山东	15 075.45	1.420 2	21 410.15
17	陕西	15 213.34	1.305 9	19 867.10
18	重庆	14 968.54	1.302 3	19 493.53
19	安徽	13 770.79	1.378 2	18 978.90
20	云南	11 664.57	1.543 7	18 006.60
21	湖南	12 167.96	1.488 1	18 107.14
22	广东	14 270.69	1.202 5	17 160.50
23	四川	13 259.99	1.290 1	17 106.71
24	山西	13 003.25	1.232 2	16 022.60
25	宁夏	15 121.14	1.017 3	15 382.74
26	广西	10 122.52	1.518 7	15 373.07
27	河南	9 726.45	1.418 3	13 795.02
28	江西	11 025.53	1.241 7	13 690.40

名次	省（自治区、直辖市）	生均教育经费（元）	购买力指数（西藏=1）	调整后的生均教育经费（元）
29	河北	10 765.15	1.268 8	13 658.82
30	贵州	9 654.09	1.385 2	13 372.85
31	甘肃	11 872.83	1.065 4	12 649.31
	全国平均			23 954.80

资料来源：教育部财务司，国家统计局社会科技和文化产业统计司. 2017. 中国教育经费统计年鉴（2016）. 北京：中国统计出版社；此外还参考了表 3-1 中的相关数据。

同普通小学生均教育经费的省际分布一样，调整后的普通初中生均教育经费在各省（自治区、直辖市）之间存在较大差异。根据表 3-3 的数据结果可知，剔除物价水平的影响之后，各省（自治区、直辖市）之间以购买力计算的普通初中生均教育经费存在着较大差异。调整后的普通初中生均教育经费排名前三位的分别为北京（78 264.77 元）、上海（44 725.88 元）和天津（38 189.90 元），排名最末三位的分别是河北（13 658.82 元）、贵州（13 372.85 元）和甘肃（12 649.31 元）。该指标的极差为 65 615.46 元，极差率为 6.19，即该指标值最高的北京（78 264.77 元）是该指标值最低的甘肃（12 649.31 元）的 6 倍多。而且，通过表 3-3 我们还可以得知，以购买力计算的各省（自治区、直辖市）普通初中生均教育经费的平均数（23 954.80）高于中位数（21 410.15）。这表明，中国义务教育资源在普通初中的配置状况并不平衡。通过对表 3-3 中的各省（自治区、直辖市）普通初中生均教育经费进行排序发现，东部地区的 11 个省（直辖市）中有 6 个省（直辖市）都位居前十；中西部地区的普通初中生均教育经费就明显低于东部地区，排名比较靠后。依照东、中、西部地区普通初中生均教育经费支出的指标排名可知，各省（自治区、直辖市）的经济发展水平会对义务教育资源在省际的配置产生较大影响。

四、简单的总结

从上述分析可知，中国义务教育阶段教育资源在各省（自治区、直辖市）之间的配置存在较大差异，各省（自治区、直辖市）之间以购买力计算的生均教育经费远未达到本书所设定的模型中的均衡条件所要求的相等状态。因此，中国义务教育资源的省际配置效率绩效较低，还存在较大的帕累托改进空间。

第四节　中国义务教育资源城乡配置的现状及效率绩效评估

一、模型调整

长期以来，在农村的发展过程中，由于农村自身产业结构的特点，加之中国实施的农村与城市发展的各项"二元性"政策，中国农村在经济增长水平和消费水平等方面与城市相比存在着较大差异。为了消除城乡之间的这种差异对本书义务教育资源配置绩效评估的影响，本节根据有关官方的统计数据计算得出中国城市和农村的相对物价水平，在此基础上对城乡义务教育的生均教育经费进行调整。

本书采用《中国统计年鉴（2016）》中关于城乡居民消费价格指数的相关数据估算得出中国城乡的相对物价水平。在改革开放初期，中国的城镇和农村之间的差距并不很大，故而，本书认为 1985 年中国城镇和农村之间的消费水平是相同的。结合中国城镇和农村各自的居民消费价格定基指数，便可以粗略地估算出中国城乡的相对物价水平。表 3-4 显示了这一计算过程和结果。

表 3-4　中国城乡物价水平差异

年份	城镇居民消费价格指数 （1978 年=100）	农村居民消费价格指数 （1985 年=100）	城镇居民消费价格指数 （1985 年=100）	城乡相对价格指数
1985	134.2	100.0		
2005	503.1	343.0	374.9	1.09
2006	510.6	348.2	380.5	1.09
2007	533.6	366.9	397.6	1.08
2008	563.5	390.7	419.9	1.07
2009	558.4	389.5	416.1	1.07

续表

年份	城镇居民消费价格指数（1978年=100）	农村居民消费价格指数（1985年=100）	城镇居民消费价格指数（1985年=100）	城乡相对价格指数
2010	576.3	403.5	429.4	1.06
2011	606.8	426.9	452.2	1.06
2012	623.2	437.6	464.4	1.06
2013	639.4	449.9	476.5	1.06
2014	652.8	458.0	486.4	1.06
2015	662.6	464.0	493.7	1.06

资料来源：中华人民共和国国家统计局. 2016. 中国统计年鉴（2016）. 北京：中国统计出版社.

二、小学阶段教育资源的城乡配置

本书根据官方教育年鉴中关于全国普通小学生均教育经费和农村普通小学生均教育经费的统计数据，并利用中国统计年鉴中所公布的城区、镇区、乡村及全国普通小学的在校生人数，计算得出中国城镇小学生均教育经费的相关数据；尔后，根据前文所推算出的中国城乡相对物价水平进行折算，最终可得出剔除物价水平影响之后的中国城乡普通小学生均教育经费的相关数据。表3-5显示了这一计算过程和结果。

表3-5　中国城乡普通小学生均教育经费（2005—2015年）

年份	名义生均教育经费（元）		城乡相对价格指数（农村=1）	实际生均教育经费（元）		城乡差距（城镇/农村）	
	城镇	农村		城镇	农村	名义生均教育经费差距	实际生均教育经费差距
2005	2 268.23	1 572.57	1.09	2 075.30	1 572.57	1.44	1.32
2006	1 903.57	1 531.24	1.09	1 741.48	1 531.24	1.24	1.14
2007	3 170.46	2 463.72	1.08	2 925.54	2 463.72	1.29	1.19
2008	3 804.39	3 116.83	1.07	3 539.87	3 116.83	1.22	1.14
2009	3 667.20	3 236.26	1.07	3 432.81	3 236.26	1.13	1.06
2010	5 366.83	4 560.33	1.06	5 042.72	4 560.33	1.18	1.11
2011	6 399.50	5 719.00	1.06	6 041.98	5 719.00	1.12	1.06
2012	6 355.20	6 156.27	1.06	5 988.68	6 156.27	1.03	0.97
2013	8 531.20	8 152.16	1.06	8 055.75	8 152.16	1.05	0.99

续表

| 年份 | 名义生均教育经费（元） | | 城乡相对价格指数（农村=1） | 实际生均教育经费（元） | | 城乡差距（城镇/农村） | |
	城镇	农村		城镇	农村	名义生均教育经费差距	实际生均教育经费差距
2014	9 712.85	8 845.95	1.06	9 145.02	8 845.95	1.10	1.03
2015	1 0713.40	9 909.21	1.06	10 106.98	9 909.21	1.08	1.02

注：1）城镇生均教育经费根据城市、县镇、农村在校生人数和全国、农村教育经费加权分解计算得出。

2）实际生均教育经费指的是剔除了物价影响之后的生均教育经费，即 实际生均教育经费 $= \dfrac{\text{名义生均教育经费}}{\text{物价水平}}$。

资料来源：中华人民共和国国家统计局.中国统一年鉴（2006—2016）.北京：中国统计出版社；教育部财务司，国家统计司社会科技和文化产业统计司.中国教育经费统计年鉴（2006—2016）.北京：中国统计出版社；此外还参考了表3-4中的相关数据。

从表 3-5 中可以得知，在利用城乡相对价格指数对生均教育经费进行调整之前，2005—2015 年，从普通小学生均教育经费这项指标来看，城镇与农村的比值均大于 1。这表明 2005—2015 年，中国城镇和农村的普通小学生均教育经费均存在一定的差距，且城镇普通小学生均教育经费要高于农村普通小学生均教育经费。城镇名义生均教育经费与农村名义生均教育经费的比值最大能达到 1.44：1，最小是 1.03：1。剔除了城乡相对物价水平的影响之后，可以看出近年来由于政府对农村义务教育经费支持力度的不断加强，中国城乡普通小学生均教育经费差距整体呈现不断缩小的趋势。

三、初中阶段教育资源的城乡配置

本书根据官方教育年鉴中关于全国普通初中生均教育经费和农村普通初中生均教育经费的统计数据，并利用中国统计年鉴中所公布的城区、镇区、乡村及全国普通初中的在校生人数，计算得出中国城镇初中生均教育经费的相关数据；尔后，根据前文所推算出的中国城乡相对物价水平进行折算，最终可得出剔除物价水平影响之后的中国城乡普通初中生均教育经费的相关数据。表 3-6 显示了这一计算过程和结果。

表 3-6　中国城乡普通初中生均教育经费（2005—2015 年）

年份	名义生均教育经费（元）		城乡相对价格指数（农村=1）	实际生均教育经费（元）		城乡差距（城镇/农村）	
	城镇	农村		城镇	农村	名义生均教育经费差距	实际生均教育经费差距
2005	2 653.36	1 819.92	1.09	2 434.28	1 819.92	1.46	1.34
2006	2 114.28	1 763.75	1.09	1 939.71	1 763.75	1.20	1.10
2007	3 848.14	2 926.58	1.08	3 563.09	2 926.58	1.31	1.22
2008	4 841.21	4 005.78	1.07	4 524.49	4 005.78	1.21	1.13
2009	4 688.86	4 267.68	1.07	4 382.11	4 267.68	1.10	1.03
2010	6 862.77	5 874.07	1.06	6 474.31	5 874.07	1.17	1.10
2011	8 402.85	7 439.43	1.06	7 927.22	7 439.43	1.13	1.07
2012	8 555.41	8 237.29	1.06	8 071.14	8 237.29	1.04	0.98
2013	11 556.51	10 996.02	1.06	10 902.37	10 996.02	1.05	0.99
2014	13 086.70	11 499.24	1.06	12 345.94	11 499.24	1.14	1.07
2015	14 755.38	13 082.53	1.06	13 920.17	13 082.53	1.13	1.06

注：1）城镇生均教育经费根据城市、县镇、农村在校生人数和全国、农村教育经费加权分解计算得出。

2）实际生均教育经费指的是剔除了物价影响之后的生均教育经费，即实际生均教育经费=$\frac{名义生均教育经费}{物价水平}$。

资料来源：中华人民共和国国家统计局. 2016. 中国统计年鉴（2016）. 北京：中国统计出版社；教育部财务司，国家统计局社会科技和文化产业统计司. 2017. 中国教育经费统计年鉴（2016）. 北京：中国统计出版社；此外还参考了表 3-4 中的相关数据。

从表 3-6 中可以得知，在利用城乡相对价格指数对生均教育经费进行调整之前，2005—2015 年，从普通初中生均教育经费这项指标来看，城镇与农村的比值均大于 1。这表明 2005—2015 年，中国城镇和农村的普通初中生均教育经费均存在一定的差距，且城镇普通初中生均教育经费要高于农村。城镇名义生均教育经费与农村名义生均教育经费的比值最大达到 1.46：1，最小是 1.04：1。剔除了城乡相对物价水平的影响之后，可以得出，近年来伴随着政府对农村义务教育经费支持力度的加强，中国城乡普通初中生均教育经费差距整体基本呈现不断缩小的趋势。

第五节　本章小结

　　本章主要关注的是中国义务教育资源投入在不同地区或城乡之间的配置关系。鉴于义务教育阶段主要包括初等教育阶段和中等教育的初中阶段，故而本章对义务教育资源在省际和城乡间配置效率绩效的评估也是分阶段进行的。通过义务教育资源区域配置理论模型的建立，得出只有当各区域之间的义务教育生均教育经费相等时，义务教育资源的区域配置效率方才达到最优。以此为基础，为了剔除各区域之间物价水平的影响，进一步引入了能够体现区域购买力水平差异的空间价格指数，还使用了中国各省（自治区、直辖市）和城乡的相关统计数据，分别对中国义务教育资源在省际和城乡之间的配置进行了实证分析。实证研究的结果表明，中国义务教育资源在省际和城乡之间都没有达到本书所设定的模型中均衡条件所要求的相等的状态，中国义务教育资源的区域配置效率绩效较低，还存在较大的帕累托改进空间。

第四章

义务教育资源配置的均等化绩效评估

第一节 义务教育资源配置均等化绩效的概念

实现义务教育均等化的实质就是实现义务教育的均衡发展。均衡，根据《辞海》的释义："均"释义为"平"，"衡"释义为"衡量"，"均衡"即"平衡"。均衡原属物理学的一个概念，指物体同时受到方向相反的两个外力的作用而处于静止状态；尔后，西方经济学家将其引入经济学领域，指物品供给与需求大致相当的理想状态。所谓义务教育均衡就是义务教育供给与需求大致相当的状态，该状态同时也可作为参照物对城乡义务教育的非均衡发展进行测度。本章以该参照物为标准，并基于数据的可得性，主要评估义务教育的办学条件这一指标，通过硬件设施、师资力量两个分项指标对中国省际和城乡之间的义务教育非均衡状况进行评估。本章主要从省际的均等化和城乡间的均等化两个方面展开对义务教育资源配置均等化绩效的测度，具体包括省际义务教育非均衡发展的测度和城乡义务教育非均衡发展的空间序列测度。

第二节　省际义务教育非均衡发展的测度

省际义务教育发展均衡度的测度是对全国各地区间义务教育发展的各项指标状况的测度。同本章第三节城乡义务教育非均衡发展的空间序列测度类似，本节以全国各地区间义务教育的办学条件的差异来衡量义务教育发展的省际差距，主要采用全国各地区间义务教育硬件设施和师资力量两个方面的相关指标。

一、省际义务教育硬件设施差距测度

以生均校舍建筑面积、生均危房面积、生均计算机数量、生均图书藏量和生均仪器设备值为变量对全国 31 个省（自治区、直辖市）义务教育阶段硬件设施方面的省际差异状况进行统计，表 4-1、表 4-2 分别反映了 2015 年全国各地区义务教育阶段普通小学硬件设施的空间分布状况；表 4-3、表 4-4 分别反映了 2015 年全国各地区义务教育阶段普通初中硬件设施的空间分布状况。

表 4-1　全国各地区普通小学硬件设施空间分布状况（2015 年）

地区	生均校舍建筑面积（平方米）	生均危房面积（平方米）	生均计算机数量（台）	生均图书藏量（册）	生均仪器设备值（万元）
合计	7.16	0.08	0.11	21.53	0.12
北京	8.07	0.00	0.28	31.80	0.76
天津	7.18	0.00	0.16	31.19	0.18
河北	6.36	0.00	0.11	25.08	0.08
山西	8.22	0.03	0.15	20.22	0.11
内蒙古	9.26	0.00	0.14	19.01	0.19
辽宁	6.16	0.03	0.16	27.22	0.16
吉林	7.39	0.00	0.12	27.90	0.16
黑龙江	6.31	0.08	0.11	15.52	0.13
上海	7.14	0.00	0.22	32.76	0.34
江苏	7.11	0.00	0.14	23.26	0.15

地区	生均校舍建筑面积（平方米）	生均危房面积（平方米）	生均计算机数量（台）	生均图书藏量（册）	生均仪器设备值（万元）
浙江	8.61	0.00	0.18	27.84	0.19
安徽	6.62	0.02	0.12	17.51	0.10
福建	7.66	0.05	0.13	24.62	0.16
江西	6.37	0.15	0.06	14.82	0.07
山东	6.39	0.00	0.15	26.57	0.10
河南	6.31	0.02	0.06	17.31	0.05
湖北	8.34	0.07	0.11	26.51	0.11
湖南	6.88	0.09	0.06	19.09	0.07
广东	7.46	0.00	0.14	21.70	0.14
广西	7.71	0.28	0.06	21.11	0.10
海南	7.24	0.08	0.10	16.06	0.13
重庆	9.00	0.05	0.12	15.14	0.12
四川	6.31	0.03	0.09	15.59	0.13
贵州	7.16	0.00	0.09	22.05	0.08
云南	8.31	0.79	0.09	21.66	0.09
西藏	13.00	0.05	0.15	16.31	0.14
陕西	7.73	0.03	0.15	31.24	0.13
甘肃	7.82	0.93	0.12	20.12	0.13
青海	8.76	0.00	0.14	23.37	0.08
宁夏	7.60	0.00	0.17	20.18	0.26
新疆	6.11	0.01	0.10	14.46	0.13

资料来源：中华人民共和国教育部发展规划司.2016.中国教育统计年鉴（2015）.北京：中国统计出版社.

表 4-2　全国各地区普通小学硬件设施空间分布统计分析结果（2015 年）（N=31）

统计指标	生均校舍建筑面积（平方米）	生均危房面积（平方米）	生均计算机数量（台）	生均图书藏量（册）	生均仪器设备值（万元）
均值	7.16	0.08	0.11	21.53	0.12
标准差	1.311 52	0.280 51	0.047 92	5.588 58	0.114 21
方差	1.720	0.079	0.002	31.232	0.013
极差	6.89	0.93	0.22	17.34	0.71
最小值	6.11	0.00	0.06	14.46	0.05
最大值	13.00	0.93	0.28	31.8	0.76

续表

统计指标		生均校舍建筑面积（平方米）	生均危房面积（平方米）	生均计算机数量（台）	生均图书藏量（册）	生均仪器设备值（万元）
百分位数	10%	6.012 0 [a]	0.000 0 [a]	0.056 0 [a]	14.450 0 [a]	0.060 4 [a]
	20%	6.203 0	0.000 9	0.078 0	16.085 0	0.072 8
	25%	6.282 5	0.003 3	0.085 0	16.372 5	0.079 0
	30%	6.694 0	0.007 2	0.090 8	16.884 0	0.086 5
	40%	7.036 0	0.015 8	0.098 5	18.644 0	0.101 1
	50%	7.220 0	0.039 0	0.107 1	20.140 0	0.110 0
	60%	7.405 3	0.056 4	0.118 4	22.127 0	0.120 7
	70%	7.654 0	0.093 2	0.132 0	24.416 0	0.135 7
	75%	7.915 0	0.103 5	0.136 4	25.092 5	0.141 0
	80%	8.058 0	0.125 9	0.142 0	25.676 0	0.147 2
	90%	8.470 0	0.369 4	0.164 0	30.244 0	0.190 0

注：a. 将利用分组数据计算百分位数。

由表 4-1 和表 4-2 的统计分析结果可知，从生均校舍建筑面积指标来看，全国普通小学的生均校舍建筑面积为 7.16 平方米，全国范围内近 60% 的地区该指标值均高于全国平均水平。普通小学生均校舍建筑面积最高的是西藏，为 13.00 平方米。除了西藏，北京、山西、内蒙古、浙江、湖北、重庆、云南和青海的普通小学生均校舍建筑面积均高于 8.00 平方米，远高于全国平均值。新疆的普通小学生均校舍建筑面积最低，为 6.11 平方米，最高值是最低值的 2 倍多。

从生均危房面积指标来看，全国普通小学生均危房面积为 0.08 平方米，其中，甘肃的普通小学生均危房面积最高，达 0.93 平方米，与之形成鲜明对比的是，北京、天津、河北、内蒙古、吉林、上海、江苏、浙江、山东、广东、贵州、青海和宁夏的普通小学生均危房面积均为 0。此外，云南的普通小学生均危房面积也较高，为 0.79 平方米。

生均计算机数量指标是该部分五项指标中在各地区间分布最为均匀的一项指标（标准差为 0.047 92）。全国普通小学生均计算机数量为 0.11 台，全国范围内依旧有近 30% 的地区该指标尚未达到全国平均值。其中，北京普通小学的生均计算机数量最多，为 0.28 台，江西、河南、湖南和广西仅为 0.06 台。

生均图书藏量指标是该部分五项指标中在各地区间分布差异最大的一项指

标（标准差为 5.588 58）。全国普通小学生均图书藏量为 21.53 册，全国范围内有近 50% 的地区未能达到全国平均值。其中，上海最高，普通小学生均图书藏量为 32.76 册，新疆最低，普通小学生均图书藏量为 14.46 册，最高值是最低值的 2 倍多。北京、天津、上海和陕西的普通小学生均图书藏量均高于 30 册，而江西和新疆的普通小学生均图书藏量均不足 15 册。

从生均仪器设备值指标来看，全国普通小学的生均仪器设备值为 0.12 万元，全国范围内近 40% 的地区尚未达到全国平均水平。北京的普通小学生均仪器设备值最高，为 0.76 万元，河南的普通小学生均仪器设备值最低，为 0.05 万元，最高值是最低值的 15 倍多。

表 4-3　全国各地区普通初中硬件设施空间分布状况（2015 年）

地区	生均校舍建筑面积（平方米）	生均危房面积（平方米）	生均计算机数量（台）	生均图书藏量（册）	生均仪器设备值（万元）
合计	13.36	0.13	0.17	34.37	0.20
北京	15.12	0.00	0.36	36.80	0.98
天津	10.56	0.00	0.18	39.33	0.24
河北	10.77	0.00	0.13	37.85	0.13
山西	14.10	0.04	0.18	30.62	0.16
内蒙古	15.72	0.00	0.19	31.08	0.29
辽宁	14.52	0.04	0.29	50.75	0.34
吉林	13.38	0.00	0.19	43.69	0.26
黑龙江	11.71	0.13	0.17	27.73	0.23
上海	17.56	0.00	0.40	60.76	0.68
江苏	17.80	0.00	0.25	43.37	0.32
浙江	19.11	0.00	0.30	47.40	0.35
安徽	13.32	0.03	0.16	29.15	0.16
福建	10.75	0.06	0.12	25.53	0.17
江西	11.06	0.26	0.10	24.64	0.11
山东	14.00	0.01	0.21	43.13	0.19
河南	11.30	0.03	0.10	26.47	0.10
湖北	17.22	0.11	0.16	42.95	0.21
湖南	14.03	0.12	0.11	30.90	0.15
广东	15.11	0.01	0.23	37.40	0.27
广西	11.47	0.33	0.09	30.06	0.13
海南	12.69	0.30	0.13	26.03	0.23

续表

地区	生均校舍建筑面积（平方米）	生均危房面积（平方米）	生均计算机数量（台）	生均图书藏量（册）	生均仪器设备值（万元）
重庆	11.41	0.09	0.11	18.65	0.14
四川	13.57	0.06	0.16	32.28	0.25
贵州	11.21	0.00	0.13	34.47	0.12
云南	10.07	1.02	0.11	25.76	0.11
西藏	17.39	0.03	0.15	24.52	0.15
陕西	13.90	0.02	0.19	44.28	0.20
甘肃	12.72	1.31	0.17	32.73	0.19
青海	15.51	0.01	0.21	42.08	0.16
宁夏	12.11	0.00	0.21	30.76	0.36
新疆	14.71	0.00	0.19	33.62	0.27

资料来源：中华人民共和国教育部发展规划司. 2016. 中国教育统计年鉴（2015）. 北京：中国统计出版社.

表4-4　全国各地区普通初中硬件设施空间分布统计分析结果（2015年）（N=31）

统计变量		生均校舍建筑面积（平方米）	生均危房面积（平方米）	生均计算机数量（台）	生均图书藏量（册）	生均仪器设备值（万元）
均值		13.36	0.13	0.17	34.37	0.20
标准差		2.477 86	0.342 09	0.071 03	9.231 32	0.152 62
方差		6.140	0.117	0.005	85.217	0.023
极差		9.04	1.31	0.31	42.11	0.88
最小值		10.07	0.00	0.09	18.65	0.10
最大值		19.11	1.31	0.40	60.76	0.98
百分位数	10%	10.302 0[a]	0.000 0[a,b]	0.092 4[a]	22.622 0[a]	0.095 5[a]
	20%	10.703 0	0.000 3	0.108 0	24.748 0	0.124 7
	25%	11.092 5	0.000 7	0.116 3	25.070 0	0.133 0
	30%	11.470 0	0.001 0	0.124 0	26.508 0	0.139 2
	40%	12.039 0	0.012 7	0.139 5	29.137 0	0.152 7
	50%	13.120 0	0.053 0	0.150 0	30.720 0	0.176 7
	60%	13.414 0	0.083 8	0.163 0	35.206 0	0.200 5
	70%	13.738 0	0.140 2	0.178 5	37.518 0	0.226 0
	75%	13.972 5	0.149 8	0.188 3	39.350 0	0.236 3
	80%	14.180 0	0.179 1	0.198 7	41.583 0	0.261 3
	90%	17.334 0	0.515 0	0.268 0	44.528 0	0.309 3

注：a. 将利用分组数据计算百分位数；b. 第一个区间的下限或最后一个区间的上限未知。一些百分位数尚未定义。

由表 4-3 和表 4-4 的统计分析结果可知，从生均校舍建筑面积指标来看，全国普通初中的生均校舍建筑面积为 13.36 平方米，全国范围内近 55% 的地区该指标值高于全国平均水平。普通初中生均校舍建筑面积最高的是浙江，为 19.11 平方米。除了浙江，北京、内蒙古、上海、江苏、湖北、广东、西藏和青海的普通初中生均校舍建筑面积均高于 15.00 平方米，远高于全国平均值；云南普通初中的生均校舍建筑面积最低，为 10.07 平方米，最高值是最低值的近 2 倍。

从生均危房面积指标来看，全国普通初中生均危房面积为 0.13 平方米，全国范围内大多数地区普通初中生均危房面积低于全国平均值，只有江西、广西、海南、云南和甘肃的普通初中生均危房面积高于全国平均值。其中，甘肃的普通初中生均危房面积最高，达 1.31 平方米，与之形成鲜明对比的是，北京、天津、河北、内蒙古、吉林、上海、江苏、浙江、贵州、新疆和宁夏的普通初中生均危房面积均为 0。

生均计算机数量指标是在该部分五项指标中在各地区间分布最为均匀的（标准差为 0.071 03）。全国普通初中生均计算机数量为 0.17 台，全国范围内依旧有近 50% 的地区该指标尚未达到全国平均值。其中，上海普通初中的生均计算机数量最多，为 0.40 台；广西普通初中的生均计算机数量最低，仅为 0.09 台。

生均图书藏量指标是该部分五项指标中在地区间分布差异最大的（标准差为 9.231 32）。全国普通初中生均图书藏量为 34.37 册，全国范围内有超 50% 的地区未能达到全国平均值。其中，上海最高，普通初中生均图书藏量为 60.76 册；重庆最低，为 18.65 册，最高值是最低值的 3 倍多。辽宁、吉林、上海、江苏、浙江、山东、湖北、陕西和青海的普通初中生均图书藏量均高于 40 册，远高于全国平均水平。

从生均仪器设备值指标来看，全国普通初中的生均仪器设备值为 0.20 万元，全国范围内近 50% 的地区尚未达到全国平均值。北京的普通初中生均仪器设备值最高，为 0.98 万元，河南的普通初中生均仪器设备值最低，为 0.10 万元，最高值是最低值的近 10 倍。

二、省际义务教育师资力量差距测度

在义务教育师资力量差距的测度方面，本小节选取了专任教师生师比、专任教师合格率、专任教师大专（或本科）以上比例三项指标对全国各地区义务教育的师资力量差距进行测度。表4-5、表4-6分别反映了2015年全国各地区义务教育普通阶段普通小学师资力量空间分布状况及统计分析结果；表4-7、表4-8分别反映了2015年全国各地区义务教育阶段普通初中师资力量空间分布状况及统计分析结果。

表 4-5　全国各地区普通小学师资力量空间分布状况（2015 年）

地区	专任教师生师比	专任教师合格率（%）	专任教师大专以上比例（%）
合计	17.12	99.94	93.65
北京	14.05	99.97	99.36
天津	15.19	99.98	96.73
河北	17.66	99.98	95.78
山西	13.24	99.95	94.13
内蒙古	13.47	100.00	97.21
辽宁	14.16	99.89	95.40
吉林	11.53	99.93	93.83
黑龙江	12.05	99.95	94.38
上海	14.79	100.00	99.08
江苏	18.06	100.00	97.37
浙江	17.75	99.99	97.92
安徽	17.90	100.00	93.09
福建	18.00	99.96	90.10
江西	19.29	99.81	89.66
山东	16.91	99.97	92.35
河南	19.08	100.00	92.70
湖北	17.13	99.94	90.49
湖南	19.78	99.93	92.12
广东	18.60	99.99	96.35
广西	19.41	99.90	90.02
海南	16.18	99.92	88.25
重庆	17.05	99.96	95.94
四川	17.48	99.99	93.65
贵州	17.93	99.72	91.56

地区	专任教师生师比	专任教师合格率（%）	专任教师大专以上比例（%）
云南	16.59	99.64	91.28
西藏	14.37	99.87	96.71
陕西	15.48	99.97	96.35
甘肃	12.91	99.87	89.33
青海	17.34	99.94	96.04
宁夏	17.09	99.98	95.20
新疆	14.75	99.98	92.74

资料来源：中华人民共和国教育部发展规划司.2016.中国教育统计年鉴（2015）.北京：中国统计出版社.

表 4-6　全国各地区普通小学师资力量空间分布统计分析结果（2015 年）（N=31）

统计指标		专任教师生师比	专任教师合格率	专任教师大专以上比例
均值		17.12	99.94	93.65
标准差		2.345 35	0.118 37	3.500 90
方差		5.501	0.014	12.256
极差		8.28	0.36	11.11
最小值		11.53	99.64	88.25
最大值		19.78	100.00	99.36
百分位数	10%	12.882 0[a]	99.740 0[a]	88.1140[a]
	20%	14.102 0	99.858 0	89.283 0
	25%	14.297 5	99.885 0	89.742 5
	30%	14.814 0	99.905 3	89.806 0
	40%	15.513 0	99.926 0	91.468 0
	50%	17.020 0	99.942 0	93.070 0
	60%	17.450 0	99.956 0	93.817 0
	70%	17.732 0	99.972 8	94.874 0
	75%	17.860 0	99.979 0	95.355 0
	80%	18.085 0	99.988 7	95.570 0
	90%	19.050 0	99.998 3	96.570 0

注：a. 将利用分组数据计算百分位数。

由表 4-5 和表 4-6 的统计分析结果可知，从专任教师生师比指标来看，全国普通小学的专任教师生师比平均值为 17.12，全国范围内近 50% 的地区的普通小学专任教师生师比均高于全国平均水平。湖南的普通小学专任教师的生师比为19.78，位居全国之首。除了湖南，江西、河南和广西的普通小学专任教师的生师比均高于19.00，高于全国平均值；吉林的普通小学专任教师的生师比最低，为11.53，最高值是最低值的近2倍。

专任教师合格率指标是该部分三项指标中在各地区间分布最均匀的（标准差为0.118 37）。全国普通小学专任教师合格率的平均值为99.94%，全国范围内超30%的地区普通小学专任教师合格率低于全国平均水平，而内蒙古、上海、江苏、安徽和河南的普通小学专任教师合格率达到了100%。

专任教师大专以上比例指标是该部分三项指标中在地区间分布差异最大的（标准差为3.500 90）。全国普通小学专任教师大专以上比例平均值为93.65%，全国范围内有超40%的地区未能达到全国平均值。其中，北京最高，普通小学专任教师大专以上比例为99.36%；海南最低，该项指标值为88.25%。北京、天津、内蒙古、上海、江苏、浙江、广东、陕西、青海和西藏普通小学专任教师大专以上比例均高于96%，远高于全国平均水平。

表 4-7　全国各地区普通初中师资力量空间分布状况（2015 年）

地区	专任教师生师比	专任教师合格率（%）	专任教师本科以上比例（%）
合计	12.41	99.76	82.47
北京	8.02	99.96	98.94
天津	9.63	99.74	95.59
河北	13.59	99.92	84.71
山西	9.92	99.58	78.75
内蒙古	10.73	99.98	88.06
辽宁	9.89	99.75	86.48
吉林	9.34	99.83	86.85
黑龙江	9.99	99.73	83.00
上海	10.85	99.99	98.65
江苏	11.04	99.92	95.02
浙江	12.34	99.89	94.57
安徽	12.79	99.98	80.77
福建	11.69	99.85	87.24
江西	15.08	99.58	71.84
山东	11.79	99.79	86.22
河南	14.52	99.47	74.48

地区	专任教师生师比	专任教师合格率（%）	专任教师本科以上比例（%）
湖北	10.95	99.56	73.32
湖南	13.29	99.48	75.87
广东	12.61	99.96	82.78
广西	16.10	99.51	79.05
海南	12.51	99.61	78.61
重庆	12.82	99.75	89.97
四川	12.34	99.95	76.37
贵州	14.88	99.77	78.22
云南	14.81	99.54	83.77
西藏	11.96	99.56	87.03
陕西	10.31	99.82	87.39
甘肃	10.64	99.66	81.47
青海	12.86	99.85	81.29
宁夏	13.92	99.90	91.58
新疆	10.54	99.86	73.43

资料来源：中华人民共和国教育部发展规划司. 2016. 中国教育统计年鉴（2015）. 北京：中国统计出版社.

表 4-8　全国各地区普通初中师资力量空间分布统计分析结果（2015 年）（N=31）

统计指标		专任教师生师比	专任教师合格率	专任教师本科以上比例
均值		12.41	99.76	82.47
标准差		2.008 41	0.229 48	8.070 08
方差		4.034	0.053	65.126
极差		8.08	0.52	27.10
最小值		8.02	99.47	71.84
最大值		16.10	99.99	98.94
百分位数	10%	9.788 0[a]	99.334 0[a]	71.470 0[a]
	20%	10.244 0	99.417 0	74.840 0
	25%	10.445 0	99.460 0	76.197 5
	30%	10.732 0	99.584 0	77.362 0
	40%	10.966 0	99.662 0	79.598 0
	50%	12.100 0	99.700 0	81.280 0

统计指标		专任教师生师比	专任教师合格率	专任教师本科以上比例
百分位数	60%	12.611 0	99.782 0	84.184 0
	70%	12.946 0	99.832 0	85.316 0
	75%	13.217 5	99.850 0	86.490 0
	80%	13.696 0	99.870 7	88.445 0
	90%	14.882 0	99.934 0	94.196 0

注: a. 将利用分组数据计算百分位数。

由表4-7和表4-8的统计分析结果可知，从专任教师的生师比指标来看，全国普通初中专任教师的生师比为12.41，全国范围内超40%的地区的普通初中专任教师生师比高于全国平均水平。其中，广西的普通初中专任教师生师比为16.10，为全国最高。除了广西、江西、河南、广西、贵州和云南的普通初中专任教师生师比均高于14.00，远高于全国平均值；北京的普通初中专任教师生师比最低，为8.02，最高值是最低值的2倍多。

专任教师合格率是该部分三项指标中在地区间分布最均匀的（标准差为0.229 48）。全国普通初中专任教师合格率为99.76%，全国范围内近50%的地区普通初中专任教师合格率低于全国平均水平。其中，上海的普通初中专任教师合格率为99.99%，为全国最高；河南普通初中专任教师合格率为99.47%，为全国最低。

专任教师本科以上比例是在该部分三项指标中在地区间分布差异最大的（标准差为8.070 08）。全国普通初中专任教师本科以上比例为82.47%，全国范围内有超40%的地区未能达到全国平均值。其中，北京最高，普通初中专任教师本科以上比例为98.94%，江西最低，普通初中专任教师本科以上比例为71.84%，最高值和最低值相差近30个百分点。北京、天津、上海、浙江、宁夏和江苏普通初中专任教师本科以上比例均高于90.00%，远远高于全国平均水平；而江西、河南、湖北和新疆普通初中专任教师本科以上比例刚刚超过70.00%。

第三节 城乡义务教育非均衡发展的空间序列测度

城乡义务教育非均衡发展的空间序列测度显示的是城乡义务教育差距的静态空间分布状况。本节以全国各地区间城乡义务教育各指标状况为变量，对城乡义务教育差距的空间分布状况进行测度。由于数据的可得性，本节仅衡量全国各地区城乡义务教育办学条件的差异状况。当前中国城乡义务教育的差距主要表现在城乡办学条件方面的差距，这也是政府推进城乡义务教育均衡发展的核心所在。关于城乡义务教育办学条件方面的差异，主要选取了义务教育硬件设施和师资力量两个方面的相关指标进行测度。

一、全国各地区间城乡义务教育硬件设施差距测度

对全国 31 个省（自治区、直辖市）义务教育硬件设施方面的城乡差距状况进行统计分析，表4-9、表4-10 分别反映了 2015 年全国各地区城乡义务教育阶段普通小学硬件设施的空间分布状况及统计分析结果，表4-11、表4-12 分别反映了 2015 年全国各地区城乡义务教育阶段普通初中硬件设施的空间分布状况及统计分析结果。

表 4-9　城乡普通小学硬件设施空间分布状况（2015 年）

地区	生均校舍建筑面积的城乡比	生均危房面积的城乡比	生均计算机数量的城乡比	生均图书藏量的城乡比	生均仪器设备值的城乡比
合计	0.66	3.45	0.92	0.92	1.18
北京	0.57	0.00	0.63	0.63	0.83
天津	0.80	0.00	0.78	0.95	1.14
河北	0.71	1.54	0.79	0.88	0.99
山西	0.41	2.45	0.50	0.76	0.72
内蒙古	0.55	0.00	0.74	1.00	0.63
辽宁	0.63	4.03	0.88	0.95	1.16
吉林	0.52	0.00	0.74	0.89	0.94
黑龙江	0.51	7.53	0.91	0.88	1.14
上海	0.84	0.00	0.98	0.88	1.21

续表

地区	生均校舍建筑面积的城乡比	生均危房面积的城乡比	生均计算机数量的城乡比	生均图书藏量的城乡比	生均仪器设备值的城乡比
江苏	1.09	0.00	0.97	0.97	1.47
浙江	0.81	0.00	0.81	0.89	1.00
安徽	0.70	1.83	0.86	0.90	0.87
福建	0.49	5.39	0.65	0.89	0.82
江西	0.54	2.71	0.94	0.84	0.80
山东	0.77	8.64	0.65	0.89	1.01
河南	0.64	2.17	0.97	0.79	0.91
湖北	0.53	3.57	0.69	0.90	0.89
湖南	0.56	2.50	0.89	0.89	1.12
广东	0.54	1.80	0.64	0.75	1.05
广西	0.63	2.35	0.95	1.01	0.92
海南	0.39	3.32	0.58	0.72	0.72
重庆	0.64	1.95	0.79	0.92	0.91
四川	0.65	2.70	1.25	0.96	1.32
贵州	0.65	0.00	0.95	0.86	0.91
云南	0.68	1.41	0.99	0.93	0.97
西藏	0.73	0.74	0.72	0.96	0.85
陕西	0.45	0.50	0.69	0.76	0.89
甘肃	0.53	1.89	0.86	0.79	0.95
青海	0.61	0.00	0.85	1.01	0.74
宁夏	0.62	0.14	0.68	0.86	0.83
新疆	0.80	1.96	0.91	1.13	0.98

注：1）其中城镇相关数据根据城市、县镇、农村在校生人数和全国、农村地区相关数据加权分解计算得出。

2）上述指标中的生均危房面积的城乡比为农村/城镇、其余均为城镇/农村，下同。

资料来源：中华人民共和国教育部发展规划司. 2016. 中国教育统计年鉴（2015）. 北京：中国统计出版社.

表 4-10　城乡普通小学硬件设施空间分布统计分析结果（2015 年）（N=31）

统计指标	生均校舍建筑面积的城乡比	生均危房面积的城乡比	生均计算机数量的城乡比	生均图书藏量的城乡比	生均仪器设备值的城乡比
均值	0.66	3.45	0.92	0.92	1.18
标准差	0.162 54	4.065 99	0.219 75	0.114 86	0.177 45
方差	0.026	16.532	0.048	0.013	0.031
极差	0.70	8.64	0.75	0.50	0.84

续表

统计指标		生均校舍建筑面积的城乡比	生均危房面积的城乡比	生均计算机数量的城乡比	生均图书藏量的城乡比	生均仪器设备值的城乡比
最小值		0.39	0.00	0.50	0.63	0.63
最大值		1.09	8.64	1.25	1.13	1.47
百分位数	10%	0.464 0[a]	0.000 6[a]	0.686 0[a]	0.726 0[a]	0.842 0[a]
	20%	0.534 7	0.018 3	0.761 0	0.767 0	0.897 0
	25%	0.543 8	0.680 0	0.821 7	0.787 5	0.933 3
	30%	0.551 5	0.774 0	0.834 5	0.818 0	0.950 4
	40%	0.595 0	1.509 0	0.869 3	0.869 0	0.998 0
	50%	0.636 7	2.680 0	0.996 7	0.893 3	1.012 0
	60%	0.654 0	2.961 0	1.042 0	0.905 5	1.027 3
	70%	0.684 0	4.258 0	1.082 0	0.932 0	1.074 0
	75%	0.707 5	5.120 0	1.097 5	0.947 5	1.105 0
	80%	0.769 0	5.553 0	1.178 0	0.958 7	1.157 3
	90%	0.827 0	7.062 0	1.254 0	1.003 3	1.360 7

注：a. 将利用分组数据计算百分位数。

由表4-9、表4-10的分析结果得知，从生均校舍建筑面积的城乡比指标来看，绝大部分义务教育阶段普通小学农村的数值要高于城镇的数值，全国生均校舍建筑面积的城乡比为0.66，低于该比值的地区约占七成。从省际比较来看，城乡差距最大的是江苏，城镇是农村的1.09倍；城乡差距最小的是海南，城镇是农村的0.39倍。

从生均危房面积的城乡比指标来看，农村的指标值要远高于或等于城镇，全国生均危房面积的城乡比为3.45，除北京、天津、内蒙古、吉林、上海、江苏、浙江、贵州、青海外，其他省份的农村指标值均高于城镇，其中，山东的差距最大，农村是城镇的8.64倍。

从生均计算机数量的城乡比指标来看，全国生均计算机数量的城乡比为0.92，城乡比高于全国平均值的省份有上海、江苏、江西、河南、广西、四川、贵州和云南，其中，城乡差距最大的为四川，城镇是农村的1.25倍。

从生均图书藏量的城乡比指标来看，全国生均图书藏量的城乡比为0.92，表示农村生均图书藏量略高于城镇的该项数值，城乡比值为1的只有内蒙古。城乡差距最大的是新疆，城镇是农村的1.13倍。

从生均仪器设备值的城乡比指标来看，城乡差距较为明显，全国生均仪器设备值的城乡比为 1.18，全国城乡比值小于 1.18 的地区占了九成多。上海、江苏和四川的差距大于全国的平均水平，其中，江苏差距最大，城镇是农村的 1.47 倍。

表 4-11　城乡普通初中硬件设施空间分布状况（2015 年）

地区	生均校舍建筑面积的城乡比	生均危房面积的城乡比	生均计算机数量的城乡比	生均图书藏量的城乡比	生均仪器设备值的城乡比
合计	0.73	2.50	0.86	0.79	0.95
北京	0.36	0.00	0.51	0.50	0.50
天津	0.90	0.00	0.76	0.77	0.82
河北	0.72	0.90	0.76	0.70	0.79
山西	0.51	1.70	0.55	0.65	0.69
内蒙古	0.47	0.00	0.48	0.61	0.40
辽宁	0.76	2.40	0.74	0.76	0.79
吉林	0.61	0.00	0.66	0.74	0.81
黑龙江	0.62	0.93	0.75	0.72	0.97
上海	0.62	0.00	0.69	0.62	0.64
江苏	0.73	0.00	0.71	0.68	0.75
浙江	0.74	0.00	0.79	0.78	0.79
安徽	0.61	1.60	0.65	0.67	0.71
福建	0.41	4.78	0.50	0.55	0.59
江西	0.62	2.85	0.74	0.74	0.73
山东	0.84	0.00	0.92	0.90	1.08
河南	0.76	1.95	0.86	0.73	0.90
湖北	0.66	0.93	0.69	0.81	0.86
湖南	0.57	2.71	0.59	0.57	0.76
广东	0.81	1.68	0.84	0.78	1.08
广西	0.76	1.22	0.86	0.91	0.82
海南	0.44	0.97	0.48	0.60	0.52
重庆	0.61	1.65	0.64	0.72	0.70
四川	0.52	3.06	0.60	0.51	0.61
贵州	0.85	0.00	0.90	0.86	0.93
云南	0.77	1.23	0.81	0.80	0.86
西藏	1.18	1.10	1.17	1.23	1.49
陕西	0.54	0.78	0.67	0.71	0.76
甘肃	0.62	1.55	0.74	0.67	0.75

续表

地区	生均校舍建筑面积的城乡比	生均危房面积的城乡比	生均计算机数量的城乡比	生均图书藏量的城乡比	生均仪器设备值的城乡比
青海	0.57	0.00	0.65	0.61	0.70
宁夏	0.56	0.00	0.58	0.60	0.63
新疆	1.00	0.38	1.08	1.03	1.10

注：其中城镇相关数据根据城市、县镇、农村在校生人数和全国、农村地区相关数据加权分解计算得出。
资料来源：中华人民共和国教育部发展规划司. 2016. 中国教育统计年鉴（2015）. 北京：中国统计出版社.

表 4-12　城乡普通初中硬件设施空间分布统计分析结果（2015 年）（N=31）

统计指标		生均校舍建筑面积的城乡比	生均危房面积的城乡比	生均计算机数量的城乡比	生均图书藏量的城乡比	生均仪器设备值的城乡比
均值		0.73	2.50	0.86	0.79	0.95
众数		0.94	6.80	0.69	0.97	0.89
标准差		0.180 93	1.761 53	0.163 60	0.187 30	0.201 77
方差		0.033	3.103	0.027	0.035	0.041
最小值		0.36	0.00	0.48	0.50	0.40
最大值		1.18	4.78	1.17	1.23	1.49
百分位数	10%	0.482 0[a]	0.000 0[a,b]	0.522 0[a]	0.546 0[a]	0.546 0[a]
	20%	0.524 0	0.003 4	0.602 0	0.584 0	0.657 0
	25%	0.565 0	0.006 5	0.641 0	0.603 3	0.712 5
	30%	0.588 0	0.009 6	0.647 2	0.622 0	0.725 3
	40%	0.609 3	0.112 0	0.659 6	0.649 0	0.752 0
	50%	0.635 0	1.370 0	0.734 0	0.685 0	0.800 0
	60%	0.719 3	2.038 0	0.746 4	0.709 2	0.821 0
	70%	0.752 7	2.964 0	0.792 0	0.756 7	0.844 7
	75%	0.772 5	3.333 3	0.815 0	0.801 7	0.857 5
	80%	0.788 0	3.523 0	0.858 0	0.813 0	0.879 0
	90%	0.832 0	3.662 0	0.908 0	0.918 0	1.118 0

注：a. 将利用分组数据计算百分位数；b. 第一个区间的下限或最后一个区间的上限未知。一些百分位数尚未定义。

与义务教育阶段的普通小学硬件设施相关指标方面的城乡差距相比，义务教育阶段的普通初中在硬件设施的相关指标方面的城乡差距略有缩小。在硬件设施相关的五项指标中，从全国平均值来看，生均校舍建筑面积的城乡差距最小，城乡比为 0.73；五项（生均校舍建筑面积、生均危房面积、生均计算机数量、生均图书藏量和生均仪器设备值）指标的城乡比分别为 0.73、

2.50、0.86、0.79、0.95。由表 4-12 可知，生均危房面积的标准差最大，为 1.761 53。和其他指标相比而言，该项指标的城乡差距在不同省（自治区、直辖市）之间的分布较为离散。义务教育阶段普通初中的生均校舍建筑面积城乡差距最大的地区为西藏，城乡比为 1.18；生均校舍建筑面积城乡差距最小的地区是北京，城乡比为 0.36。生均危房面积城乡差距最大的是福建，农村生均危房面积是城镇生均危房面积的 4.78 倍，其中，福建、江西、湖南和四川的城乡差距的比值要高于全国平均水平。生均计算机数量的极差最小，也就是说，城乡差距最大的地区和城乡差距最小的地区之间差别较小，其中，城乡差距最大的地区是西藏，城乡比为 1.17，即城镇生均计算机数量是农村生均计算机数量的 1.17 倍；而且，生均计算机数量指标是全国各省（自治区、直辖市）之间分布最为均匀的一项指标（标准差 0.163 60，在五项指标中为最低）。生均图书藏量的城乡比指标方面，城乡差距最大的地区也是西藏，城乡比为 1.23；全国超 20%的省（自治区、直辖市）该项指标的城乡比要高于全国平均值（0.79）。生均仪器设备值指标的城乡差距最大的地区也是西藏，城镇生均仪器设备值是农村生均仪器设备值的 1.49 倍，除了西藏地区，黑龙江、山东、广东和新疆在该项指标方面的城乡差距也高于全国的平均值。

二、全国各地区间城乡义务教育师资力量差距测度

决定义务教育发展质量的关键因素在于能否建立一支"素质优良、数量充足、结构合理、相对稳定"的师资队伍，城乡义务教育师资力量的不均衡也是导致城乡义务教育发展不均衡的主要原因之一。和硬件设施相比较而言，师资力量的因素对城乡义务教育差距的影响更大。该部分对师资力量差距的测度主要选取了专任教师生师比、专任教师合格率及专任教师大专（或本科）以上比例三项指标来进行。表 4-13、表 4-14 分别反映了 2015 年全国各地区城乡义务教育阶段普通小学师资力量的空间分布状况及统计分析结果；表 4-15、表 4-16 分别反映了 2015 年全国各地区城乡义务教育阶段普通初中师资力量的空间分布状况及统计分析结果。

表 4-13 全国各地区城乡普通小学师资力量空间分布状况（2015 年）

地区	专任教师生师比			专任教师合格率（%）			专任教师大专以上比例（%）		
	城镇	农村	差值	城镇	农村	差值	城镇	农村	差值
合计	18.41	14.64	3.77	99.97	99.87	0.10	96.03	89.06	6.96
北京	14.44	10.50	3.94	99.98	99.82	0.16	99.43	98.73	0.70
天津	15.24	14.94	0.31	99.98	99.97	0.01	97.53	92.86	4.67
河北	18.92	15.99	2.93	99.98	99.98	0.01	97.16	93.95	3.21
山西	15.95	8.22	7.73	99.98	99.89	0.09	96.62	89.50	7.12
内蒙古	14.73	8.56	6.17	100.00	100.00	0.00	97.86	94.66	3.21
辽宁	15.28	10.57	4.71	99.90	99.85	0.05	96.30	92.52	3.78
吉林	13.68	7.58	6.10	99.96	99.88	0.08	96.06	89.73	6.33
黑龙江	13.98	6.98	7.00	99.96	99.92	0.04	95.91	90.33	5.58
上海	14.81	14.39	0.42	100.00	100.00	0.00	99.13	98.12	1.01
江苏	18.05	18.09	-0.04	100.00	100.00	0.00	97.75	94.86	2.88
浙江	18.11	15.80	2.31	99.99	100.00	-0.01	98.21	96.37	1.84
安徽	19.77	15.32	4.44	100.00	100.00	0.00	95.22	90.16	5.06
福建	19.62	13.80	5.82	99.98	99.89	0.10	93.25	81.94	11.31
江西	21.57	15.65	5.91	99.93	99.62	0.31	93.91	82.87	11.03
山东	17.59	15.36	2.23	99.98	99.96	0.01	95.28	85.76	9.52
河南	20.99	16.79	4.20	100.00	99.99	0.00	95.64	89.16	6.48
湖北	18.56	13.79	4.76	99.96	99.89	0.07	93.35	83.78	9.57
湖南	21.46	16.66	4.80	99.96	99.87	0.09	94.80	87.13	7.67
广东	19.60	15.14	4.46	99.97	99.97	0.02	97.55	92.23	5.32
广西	20.70	17.96	2.74	99.95	99.84	0.11	94.28	85.25	9.04
海南	18.85	10.35	8.50	99.98	99.79	0.19	91.40	81.38	10.02
重庆	18.38	13.03	5.35	99.97	99.92	0.05	96.96	92.87	4.08
四川	18.77	14.96	3.81	100.00	99.98	0.02	95.45	90.13	5.32
贵州	19.84	15.74	4.10	99.90	99.51	0.39	93.72	89.08	4.64
云南	17.94	15.63	2.30	99.90	99.46	0.44	94.48	89.01	5.47
西藏	14.39	14.34	0.05	99.87	99.87	0.00	96.53	96.86	-0.34
陕西	17.08	10.44	6.64	99.99	99.93	0.06	97.63	92.33	5.30
甘肃	15.97	10.12	5.85	99.97	99.77	0.20	94.89	84.26	10.63
青海	18.56	15.40	3.16	99.96	99.92	0.04	97.73	93.35	4.39
宁夏	19.03	14.12	4.91	99.99	99.96	0.03	97.03	92.40	4.63
新疆	15.98	13.58	2.40	99.99	99.97	0.02	96.26	89.39	6.87

注：其中城镇相关数据根据城市、县镇、农村在交生人数和全国、农村地区相关数据加权分解计算得出。
资料来源：中华人民共和国教育部发展规划司.2016.中国教育统计年鉴（2015）.北京：中国统计出版社.

表 4-14　全国各地区城乡普通小学师资力量空间分布统计分析结果（2015 年）（N=31）

统计指标		专任教师生师比	专任教师合格率	专任教师大专以上比例
均值		3.77	0.10	6.96
标准差		2.292 75	0.147 04	3.549 30
方差		5.257	0.022	12.598
极差		8.54	0.45	11.37
最小值		−0.04	−0.01	−0.34
最大值		8.50	0.44	11.03
百分位数	10%	0.194 0[a]	−0.003 5[a]	2.062 0[a]
	20%	2.077 0	0.003 8	4.525 0
	25%	2.825 0	0.007 2	5.262 5
	30%	2.998 0	0.012 0	5.356 0
	40%	3.689 0	0.048 0	6.340 0
	50%	4.620 0	0.090 0	6.460 0
	60%	4.865 0	0.111 5	6.661 0
	70%	5.616 0	0.146 0	7.970 0
	75%	5.987 5	0.160 0	9.440 0
	80%	6.069 0	0.175 3	10.084 0
	90%	6.948 0	0.250 0	11.686 0

注：a. 将利用分组数据计算百分位数。

表 4-15　全国各地区城乡普通初中师资力量空间分布状况（2015 年）

地区	专任教师生师比			专任教师合格率（%）			专任教师本科以上比例（%）		
	城镇	农村	差值	城镇	农村	差值	城镇	农村	差值
合计	12.72	10.98	1.74	99.80	99.57	0.22	84.01	75.19	8.82
北京	8.20	5.96	2.24	99.96	100.00	−0.04	99.00	98.23	0.76
天津	9.64	9.55	0.08	99.78	99.43	0.35	96.06	91.84	4.22
河北	13.98	11.98	2.00	99.93	99.86	0.07	85.47	81.58	3.89
山西	10.54	7.20	3.33	99.65	99.28	0.37	80.31	71.91	8.40
内蒙古	10.91	8.14	2.77	99.98	99.97	0.01	88.19	86.17	2.02
辽宁	10.01	8.93	1.08	99.77	99.63	0.14	87.19	81.10	6.09
吉林	9.95	7.08	2.87	99.84	99.81	0.03	87.97	82.67	5.30
黑龙江	10.51	7.51	3.00	99.82	99.28	0.54	84.56	75.44	9.12
上海	10.91	8.90	2.02	100.00	99.92	0.08	98.67	97.96	0.71

地区	专任教师生师比			专任教师合格率（%）			专任教师本科以上比例（%）		
	城镇	农村	差值	城镇	农村	差值	城镇	农村	差值
江苏	11.15	9.03	2.11	99.92	99.90	0.02	95.20	91.62	3.58
浙江	12.47	10.85	1.62	99.90	99.80	0.10	94.74	92.78	1.96
安徽	13.48	10.70	2.78	99.98	99.97	0.01	81.97	77.19	4.78
福建	12.33	9.03	3.31	99.86	99.83	0.02	87.92	84.41	3.51
江西	15.79	12.79	3.00	99.65	99.35	0.29	73.33	66.95	6.39
山东	11.92	10.67	1.25	99.81	99.61	0.21	86.79	81.30	5.49
河南	15.13	12.52	2.62	99.56	99.18	0.38	75.99	69.54	6.45
湖北	11.16	9.72	1.44	99.58	99.40	0.18	74.36	67.09	7.27
湖南	14.24	10.56	3.68	99.59	99.18	0.41	78.40	68.57	9.83
广东	12.78	11.19	1.59	99.96	99.97	−0.01	83.80	73.94	9.86
广西	16.21	15.54	0.67	99.56	99.24	0.32	80.29	72.15	8.15
海南	12.76	9.19	3.58	99.63	99.30	0.33	79.12	71.96	7.16
重庆	12.89	12.15	0.74	99.81	99.12	0.69	90.47	84.98	5.49
四川	12.77	10.47	2.30	99.95	99.97	−0.02	78.65	66.52	12.13
贵州	15.07	14.27	0.80	99.79	99.72	0.08	78.86	76.09	2.77
云南	15.17	14.02	1.14	99.62	99.39	0.23	84.71	81.74	2.97
西藏	11.61	13.71	−2.10	99.56	99.57	−0.01	87.66	83.79	3.87
陕西	10.69	7.28	3.41	99.82	99.82	0.00	87.92	83.13	4.79
甘肃	11.45	8.95	2.51	99.76	99.44	0.32	82.83	78.66	4.17
青海	13.32	11.17	2.15	99.81	99.97	−0.16	82.24	77.80	4.44
宁夏	14.57	10.88	3.69	99.93	99.77	0.15	92.12	89.06	3.06
新疆	11.05	9.61	1.44	99.85	99.81	0.07	79.78	61.89	17.89

注：其中城镇相关数据根据城市、县镇、农村在校生人数和全国、农村地区相关数据加权分解计算得出。

资料来源：中华人民共和国教育部发展规划司. 2016. 中国教育统计年鉴（2015）. 北京：中国统计出版社.

表 4-16　城乡普通初中师资力量空间分布统计分析结果（2015 年）（N=31）

统计指标	专任教师生师比	专任教师合格率	专任教师本科以上比例
均值	1.74	0.22	8.82
标准差	1.342 92	0.276 07	3.814 77
方差	1.803	0.076	14.552

统计指标		专任教师生师比	专任教师合格率	专任教师本科以上比例
极差		3.61	0.85	17.18
最小值		0.08	−0.16	0.71
最大值		3.69	0.69	17.89
百分位数	10%	0.652 0[a]	0.002 0[a]	1.602 0[a]
	20%	1.339 3	0.054 0	3.644 0
	25%	1.455 0	0.085 0	3.927 5
	30%	1.592 0	0.105 3	4.416 0
	40%	2.038 0	0.129 0	4.723 0
	50%	2.210 0	0.230 0	5.180 0
	60%	2.667 0	0.284 0	6.668 0
	70%	3.010 0	0.360 0	6.876 0
	75%	3.342 5	0.430 0	7.425 0
	80%	3.455 0	0.466 0	8.066 0
	90%	3.690 0	0.648 0	10.698 0

注：a. 将利用分组数据计算百分位数。

由表 4-13 可知，从专任教师生师比指标来看，2015 年，全国城镇该项指标值为 18.41，农村该项指标值为 14.64，从专任教师的相对数量来看，农村略高于城镇。然而，从专任教师合格率指标来看，全国城镇小学专任教师的合格率要高于农村地区，城镇小学专任教师合格率达 99.97%，农村略低于城镇，为 99.87%，其原因在于农村小学大量的公办教师是由民办教师转岗而来的，拉低了农村地区的指标值。从专任教师大专以上比例指标来看，城乡差距更加明显：城镇该项指标值为 96.03%，农村该项指标值为 89.06%，相差近 7 个百分点。从省际差异来看，专任教师生师比指标方面，全国专任教师生师比的城乡差值为 3.77，该指标的城乡差距大于全国平均值的地区占比超 60%。该指标的标准差为 2.292 75（表 4-14），说明各省（自治区、直辖市）之间在该指标方面存在很大的差距。该指标差距最大的为海南，其城镇专任教师生师比指标值为 18.85，农村专任教师生师比指标值为 10.35，城乡差距达到 8.50。专任教师合格率指标方面，全国专任教师合格率的城乡差值为 0.10（表 4-13），该指标的城乡差距大于全国平均值的地区占比超 20%。在对各省（自治区、直辖市）之间的差异程度比较时，该指标的城乡差距是三个指标中最小的一项，标准差为 0.147 04（表 4-14），说明在全国各省（自治区、直辖市）之间专任教师合格率指标方面分布大致相当，其中，云南的城乡差距表现最为明显，城镇专任教师合格率为 99.90%，而农村地区的专任教师合格率只有 99.46%。专任教师大专以上比例在三个测度指标中的城乡差距最大，全国专任教师大专以上学历比例的城乡差值为 6.96（表 4-13），该指标的城乡差距大于全国平均值的地区占比近 30%。而且，该指标的省际差异最为明显，标准差达到 3.549 30（表 4-14）。城乡差距最大的为福建，该地区城镇指标值为 93.25%，农村为 81.94%，城乡相差近 12 个百分点。

如表 4-15 所示，义务教育阶段的初中和小学的城乡差异状况相似，从专任教师生师比来看，城镇略高于农村。城镇该项指标值为 12.72，农村该项指标值为 10.98。从专任教师合格率来看，城镇与农村也存有一定差距，城镇该项指标值为 99.80%，农村该项指标值为 99.57%。从专任教师合格率省际差异来看，除北京、广东、四川、青海和西藏外，其余 26 个省（自治区、直辖市）的城乡差值均为正值，也就是说，在专任教师合格率方面，全国有 26 个省（自治区、直辖市）的城镇指标值高于农村指标值。从专任教师本科以上比例指标来看，城镇指标值为 84.01%，农村指标值为 75.19%，相差近 9 个百分点。从上述分析结果可知，尽管从专任教师的数量来看，农村地区的状况略有改观，但从专任教师的质量来看，城乡依旧存有一定差距。

表 4-16 的统计分析结果显示，从省际差异来看，在专任教师生师比、专任教师合格率和专任教师本科以上比例三个指标中，专任教师本科以上比例的城乡差距是分布最不平衡的，标准差为 3.814 77。其中，该指标城乡差距最大的地区为新疆，城镇该项的指标值为 79.78%，农村该项的指标值为 61.89%，城乡差值达 17.89%（表 4-15）。专任教师生师比指标的城乡差距分布平衡状况居中，标准差为 1.342 92，该指标城乡差距最大的地区为宁夏，城镇该项的指标值为 14.57，农村该项的指标值为 10.88，城乡差距达 3.69。专任教师合格率是三个指标中分布最平衡的指标，标准差为 0.276 07，其中该指标城乡差距最大的地区为重庆，城镇该项的指标值为 99.81%，农村该项的指标值为 99.12%（表 4-15）。

第四节　本章小结

　　本章对义务教育资源配置均等化绩效的评估主要通过省际均等化和城乡均等化两个方面来展开，具体包括省际义务教育非均衡发展的测度和城乡义务教育非均衡发展的空间序列测度。主要通过能够体现办学条件差异的硬件设施和师资力量两个方面的相关指标来对义务教育资源配置的均等化绩效进行测度。具体而言，硬件设施方面选取了生均校舍建筑面积、生均危房面积、生均计算机数量、生均图书藏量和生均仪器设备值为指标，师资力量方面选取了专任教师生师比、专任教师合格率、专任教师大专（或本科）以上比例为指标。

　　分析结果显示以下两方面。

　　1）从2015年的省际比较来看，不管是义务教育的小学阶段还是初中阶段，东部、中部和西部地区义务教育学校的硬件设施和师资力量方面的差距依旧存在。伴随着中国政府相关教育政策向西部地区的倾斜，西部地区的办学条件有所改善，但是，和东部地区相比，西部地区依旧存在改善的空间，尤其是专任教师大专（或本科）以上比例指标，中、西部地区低于东部地区。

　　2）从2015年的城乡差异来看，不管是义务教育的小学阶段还是初中阶段，城乡义务教育学校的硬件设施和师资力量方面的差距依旧存在。尽管农村义务教育的专任教师生师比在降低，但与此同时，农村地区存在大量代课教师，以及大量优质农村教师资源向城镇的流动，导致了在教师质量指标方面，城乡差距较为明显，尤其是农村地区的专任教师合格率低于城镇。

第五章

中国义务教育资源配置绩效的影响
因素分析

第一节 中国式财政分权制度对中国义务教育资源配置绩效的影响机制

在影响中国义务教育资源配置绩效的诸多因素中，中国当前的财政分权制度无疑是影响权重最大的一个。

一、中国式财政分权制度与义务教育支出偏好：一个理论推演

所谓的财政分权指的是中央政府将一定的税收权和财政支配权赋予地方政府。财政分权是衡量一个国家或地区政府权力分配的一项重要指标。新古典经济学认为，中央政府能够根据社会公众的需求偏好及资源禀赋来实现社会福利的最大化。但是，该理论无法解释地方政府在为社会公众提供公共服务（产品）中发挥着重要作用的现实。为了解决新古典经济学对地方政府的存在缺乏解释力的问题，财政分权理论应运而生。学界通常认为，西方主流财政分权理论的发展经历了两个阶段，分别为第一代财政分权理论和第二代财政分权理论。第一代财政分权理论是以蒂布特（Tiebout）、马斯格雷夫（Musgrave）、奥茨（Oates）等为代表的，又被称为"财政联邦主义理论"（the theory of fiscal federalism）。蒂布特的"用脚投票"理论认为，某一地方政府的周围之所以能够被社会公众所聚集，原因在于该地方政府为社会公众提供了合其心意的税收水平和公共服务菜单。与此同时，社会公众为了寻求符合自身偏好的服务组合，就会在不同的辖区间进行自由的流动，这便促使地方政府之间产生一定的竞争，继而促使地方政府会像市场一样提供高效的公共服务。[1]马斯格雷夫着手于财政的职能，开展了中央政府和地方政府间合理分权的相关研究。马斯格雷夫认为，中央政府应该注重宏观经济的

---

[1] Tiebout C M. A pure theory of local expenditures. Journal of Political Economy, 1956（64）：416-424.

调控和收入的再分配问题，地方政府更应该注重于自身资源配置的职能。[①]奥茨的分权定理按照中央政府和地方政府在公共物品的供给效率方面的差异，认为中央政府更应该侧重于提供广泛的、偏好相同的公共物品。[②]综上，第一代财政分权理论主要关注的是中央政府和地方政府在资源配置方面的分工，认为中央政府和地方政府之间的分权更利于公共物品供给效率的提高。第二代财政分权理论以钱颖一、蒙蒂诺拉（Montinola）、温加斯特（Weingast）等为代表，他们抛弃了第一代财政分权理论传统的理性政府模型假设，在财政分权中引入了激励理论，认为政府提供公共物品效率的提高源于好的政府结构，这样，政府的行为既会受到较强的约束，同时也会享有相应的激励。中央政府和地方政府在维护市场运行的过程中都能够明确各自的权利和义务，都能够做到各司其职。[③]第二代财政分权理论关注的重点从公共物品的供给转向了地方政府的行为，更强调地方政府之间的竞争；主张应该对中央政府对市场的过分干预进行限制，应该更多地维护市场的自由运作。因此，第二代财政分权理论又被称为"市场维护型财政联邦主义理论"。

中国与西方的财政分权制度有着本质的不同，有些学者将其称为"中国式财政分权"[④]。

中国式财政分权制度促进了中国经济的增长。自改革开放以来，我国坚持以"以经济建设为中心"，在该目标导向下，经济发展往往被作为中央政府对地方政府政绩进行考核的一项重要指标。尽管在中国实施财政分权之后，地方政府在经济自主性和资源配置方面拥有了相当的权力，但是，地方政府官员的晋升和任免仍归中央政府管理，因此，中国式财政分权制度使得地方政府能够做到和中央政府目标的高度一致性。显而易见，中国式财政分权能够促进中国经济的高速发展。周黎安和陈烨的相关研究认为，中国地方政府官员的晋升和经济绩效之间存在显著的正相关关系，这也能够在一定程度上印证在中国式财政分权体制下，"中央政府通过政绩考核和晋升激励鼓励地方政府发展经济的事

① Musgrave R A. The Theory of Public Finance. New York：McGraw-Hill，1959：234-238.

② Rosen H S. Fiscal Federalism Quantitative Studies. Chicago：University Of Chicago Press，1988：145.

③ 边维慧，李自兴. 财政分权：理论与国外实践. 国外社会科学，2008（3）：26-32.

④ "中国式财政分权"的雏形见于钱颖一（1995）等，后经张军等（2007）、周黎安（2007a、2007b）、傅勇（2008）、吕炜（2010）等学者的发展逐渐被学界认可。

实"①；也有学者认为，中国能够实现经济的持续增长，关键问题不是"作对价格"，而是"作对激励"②。

中国式财政分权制度减弱了基本公共服务发展水平。傅勇和张宴认为，中国式财政分权制度一方面促进了中国经济的持续增长，与此同时，另一方面也造成了公共服务供给的相对不足。为了得到中央政府更多的政治激励，地方政府会将有限的资源优先用在与中央政府目标一致的经济发展领域，这样便会对社会公共服务供给的支出进行挤占，必会形成地方政府"重投资、轻服务"的财政支出结构。③吕炜和王伟同又进一步指出，中国式财政分权制度导致了社会公共服务供给的相对滞后，这将会约束社会公众的消费，从而导致社会内需的不足，继而影响持续的经济增长，使得政府又不得不进一步通过加强基础建设投资来弥补内需不足对经济增长的威胁。④因此，这种政府投资与经济增长的不良循环会进一步影响政府的公共支出结构，不利于公共服务的改善。

二、中国式财政分权制度及其对义务教育资源配置绩效影响的实证分析

公共物品（服务）的供给偏好体现的是政府对诸如义务教育等公共物品（服务）供给的主观因素。如果财政分权规范、制度合理（图 5-1），便可以对政府在义务教育领域的投入责任进行保障。

当前，学界对中国式财政分权的衡量指标仍未达成共识。目前很难找到一个单一的、能全面反映中国当前的财政分权状况的指标，学界多是采用了地方财政收入占全国财政收入的比重、地方财政收入自治率⑤、地方财政支出占全国财政支出的比重、地方财政支出自决率⑥以及地方税收管理分权度和地方行政管

---

① 周黎安，陈烨.中国农村税费改革的政策效果：基于双重差分模型的估计.经济研究，2005（8）：44-53.

② 王永钦，张宴，章元等.中国的大国发展道路——论分权式改革的得失.经济研究，2007（1）：4-16.

③ 傅勇，张宴.中国式分权与财政支出结构偏向：为增长而竞争的代价.管理世界，2007（3）：4-12，22.

④ 吕炜，王伟同.政府服务型支出缘何不足？——基于服务性支出体制性障碍的研究.经济社会体制比较，2010（1）：12-23.

⑤ 地方财政收入自治率衡量地方财政的自主程度，等于地方财政预算收入占预算总收入的比例。

⑥ 地方财政支出自决率衡量地方财政自主财政支出占财政总支出的比例，等于地方预算支出减去中央转移支付后的余额占地方预算总支出的比例。

理分权度等指标。①学界常用教育基尼系数、泰尔指数等作为中国城乡义务教育差距的测度指标，但对教育基尼系数的测算依据还没有实现统一，常见的指标有生均预算内教育经费、生均教育经费、入学率、升学率、人均受教育年限以及生师比等。本部分主要关注的是中国式财政分权制度对中国城乡义务教育差距的影响。因此，本部分选取地方财政收入占全国财政收入的比重和地方财政支出占全国财政支出的比重之间的差额来表示中国的财政分权度，选取城镇和农村的义务教育生均教育经费的比重测度中国城乡义务教育的差距，并由此建立模型方程（5-1）。

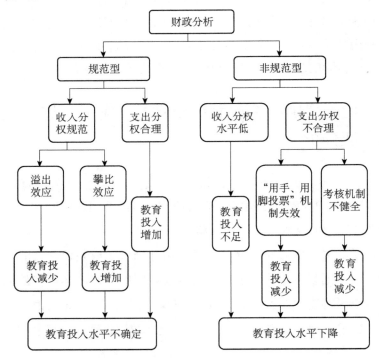

图 5-1 财政分权与教育投入水平的关系

资料来源：周业安，王曦. 2008. 中国的财政分权与教育发展. 财政研究，（11）：16-19.

$$Y_{(\text{小、初})} = \alpha + \beta_1 X_1 + \beta_2 X_2 + \upsilon \qquad (5\text{-}1)$$

其中，因变量 Y 分别用城镇与农村的普通小学生均教育经费比、城镇与农

---

① 龚锋，雷欣. 中国式财政分权的数量测度. 统计研究，2010（10）：47-55.

村的普通初中生均预算内教育经费比来表示[1]；解释变量 X_1 表示由财政分权所引起的财政缺口，用地方财政收入占全国财政收入的比重与地方财政支出占全国财政支出的比重之间的差额来衡量；2001 年，中国实施了教育体制改革，教育经费投入体制发生了变化，鉴于此，本书引入了亚变量 X_2，2001 年之前为 0，2001 年之后为 1；υ 表示残差，代表未纳入模型的解释变量。在数据的选择上，本书尽量采用未加工的原始数据作为测算依据，具体如表 5-1 所示。在方法的选择上，本书为避免变量异方差的存在，运用加权最小二乘法对方程（5-1）进行回归分析，具体结果如表 5-2 所示。

表 5-1　财政收支及城乡义务教育生均经费统计表（1998—2015 年）

年份	财政收入（亿元）		财政支出（亿元）		普通小学生均教育经费（元）		普通初中生均预算内教育经费（元）	
	全国	地方	全国	地方	农村	城镇	农村	城镇
1998	9 875.95	4 983.95	10 798.18	7 672.58	512	861	477	805
1999	11 444.08	5 594.87	13 187.67	9 035.34	562	968	505	837
2000	13 395.23	6 406.06	15 886.50	10 366.65	634	1 096	529	897
2001	16 386.04	7 803.30	18 902.58	13 134.56	784	1 393	661	998
2002	18 903.64	8 515.00	22 053.15	15 281.45	936	1 606	807	1 163
2003	21 715.25	9 849.98	24 649.95	17 229.85	1 033	1 809	874	1 283
2004	26 396.47	11 893.37	28 486.89	20 592.81	1 277	2 097	1 046	1 530
2005	31 649.29	15 100.76	33 930.28	25 154.31	1 573	2 268	1 355	1 696
2006	38 760.20	18 303.58	40 422.73	30 431.33	1 531	1 904	1 379	2 732
2007	51 321.78	23 572.62	49 781.35	38 339.29	2 464	3 170	2 465	2 903
2008	61 330.35	28 649.79	62 592.66	49 248.49	3 117	3 804	3 390	3 795
2009	68 518.30	32 602.59	76 299.93	61 044.14	3 236	3 667	4 268	4 689
2010	83 101.51	40 613.04	89 874.16	73 884.43	4 560	5 367	5 061	5 596
2011	103 874.43	52 547.11	109 247.79	92 733.68	5 719	6 399	6 376	6 852
2012	117 253.52	61 078.29	125 952.97	107 188.34	6 156	6 355	6 875	10 464
2013	129 209.64	69 011.16	140 212.10	119 740.34	8 152	8 531	9 463	9 561
2014	140 370.03	75 876.58	151 785.56	129 215.49	8 846	9 713	9 934	10 746
2015	152 269.23	83 002.04	175 877.77	150 335.62	9 909	10 713	11 550	12 495

资料来源：根据历年的中国统计年鉴和中国教育经费统计年鉴计算得出。

　　由表 5-1 可以得出中国 1998—2015 年的城乡义务教育经费投入的变动趋势图，具体如图 5-2、图 5-3 所示。

---

[1]　相对于小学，初中对预算内经费的依赖性更大，因此对普通初中的回归分析，我们选择生均预算内教育经费作为解释变量。

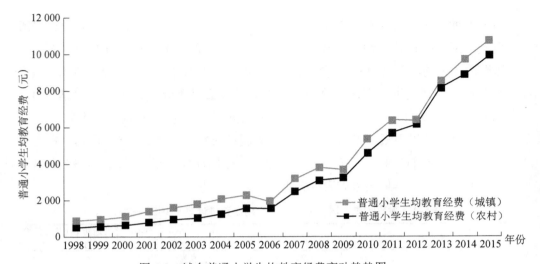

图 5-2　城乡普通小学生均教育经费变动趋势图

资料来源：根据 1998—2015 年全国教育经费执行情况统计公告汇总。

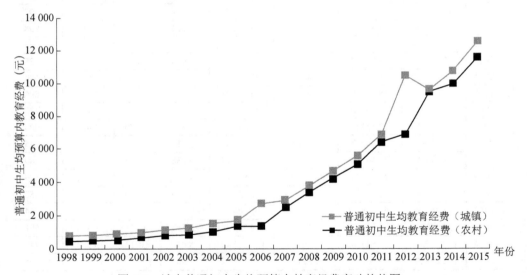

图 5-3　城乡普通初中生均预算内教育经费变动趋势图

资料来源：根据 1998—2015 年全国教育经费执行情况统计公告汇总。

　　由图 5-2、图 5-3 可知，在 1998—2015 年，中国财政对义务教育领域的支出呈现逐年增加的趋势。根据教育部、国家统计局、财政部联合发布的历年全国教育经费执行情况统计公告计算得出，农村普通小学生均教育经费支出的年均增长率达 17.38%，城市普通小学生均教育经费支出的年均增长率为 14.85%；

而同期农村普通初中的生均预算内教育经费支出的年均增长率为 18.51%，城镇普通初中的生均预算内教育经费支出的年均增长率为 15.70%。可以看出，随着城乡义务教育均衡发展需求的增加，国家财政支出逐步向农村倾斜，无论是小学阶段还是初中阶段，农村义务教育领域的财政支出年增长率均高于城镇；但是从绝对值上来看，无论是小学阶段还是初中阶段，城镇的教育经费支出都远远高于农村。

表 5-2　方程（5-1）回归分析结果

项目	$Y_小$	$Y_初$
X_1	3.078***	1.144*
	（−4.123）	（−1.883）
X_2	0.160**	−0.165***
	3.508	（−4.433）
常量	2.299***	1.903***
	（−15.438）	（−15.701）
F	8.513**	59.438***
R^2	0.739	0.952
调整后的 R^2	0.653	0.936

注：其中***、**、*分别代表 1%、5%、10%的显著性水平，小括号内为 t 值

根据表 5-2 的回归分析结果，可以进一步得出

$$Y_小 = 2.299 + 3.078X_1 + 0.16X_2 \tag{5-2}$$

$$Y_初 = 1.903 + 1.144X_1 - 0.165X_2 \tag{5-3}$$

由方程（5-2）可知，X_1 与 $Y_小$ 呈正相关关系，即随着财政分权度的提高，尽管城乡普通小学的生均教育经费都大幅度提高，且农村普通小学的生均教育经费投入年均值增长率高于城市普通小学的生均教育经费投入的年均增长率，但是城市普通小学生均教育经费的绝对值远远大于农村普通小学生均教育经费，即城市的增长基数远远高于农村　方程（5-3）的结果给出普通初中的城乡发展与普通小学的城乡发展相一致的结论，即随着财政分权度的提高，城乡普通中学的发展差距被进一步拉大。

第二节　"以县为主"的义务教育管理体制对义务教育资源配置绩效的影响机制

一、中国义务教育管理体制的变迁

所谓的教育管理体制指的是能够对一个国家教育事业的运行和发展实施管理的基本组织体系和制度。中华人民共和国成立之后，中国的义务教育管理体制主要经历了以下三个阶段。

（一）"国家主导、分级管理"的阶段（1949—1978 年）

1949 年 9 月通过的《中国人民政治协商会议共同纲领》所制定的文化教育政策以及教育部于 1952 年所颁布的《中学暂行规程（草案）》均规定：中学由省、市文教厅、局按照中央和大行政区的规定实行统一领导。其设立、变更和停办，由省、市人民政府决定，报大行政区人民政府（军政委员会）文教部备案并转报中央人民政府教育部备查。1952 年，教育部所颁布的《小学暂行规程（草案）》也规定：小学由市、县人民政府统筹设置，由教育部对小学的课程教学计划实施统一规定，由省、市人民政府教育行政部门制定小学的经费开支标准，并报请大行政区教育行政部门备案。根据上文分析可知，中华人民共和国成立之初，中国的义务教育实行的是国家主导的管理体制，对"人民教育国家办"的理念进行了充分的体现。1954 年，《政务院关于改进和发展中学教育的指示》规定："中学应该由省（市）教育厅（局）加强领导，按照统一领导、分级管理的原则，省辖市内的中学由省辖市管理，县（市）内的中学亦应逐步做到由县（市）管理。"至此，义务教育分级管理的思想开始萌芽。"文化大革命"时期，尽管义务教育阶段的教育内容和形式均发生了各种变化，但是义务教育的管理体制并没有发生太大的变化。由此可见，在这段时期内，中国的义务教育管理体制所坚持的方针是以国家为主导，同时坚持"两条腿走路"，开始萌发

"分级办学、分级管理"的思想。"国家主导、分级管理"的义务教育管理体制是与中国当时的社会背景相适应的。在这一体制下，教育投资和管理的责任由国家承担，教育系统内实施了纵向垂直领导的方式，在教育形式和内容上实现了全国统一。

（二）"地方负责，分级管理"的阶段（1978—2001 年）

自改革开放之后，中国的义务教育管理体制发生了两大变化：一是强调了地方政府在义务教育中的责任；二是确立了义务教育分级管理的原则。1980 年，《中共中央、国务院关于普及小学教育若干问题的决定》的出台，充分体现了中国的义务教育管理理念开始从"人民教育国家办"转向了"人民教育人民办"。1985 年，《中共中央关于教育体制改革的决定》规定："把发展基础教育的责任交给地方，有步骤地实行九年义务教育"，同时，还对义务教育由"地方负责、分级管理"的原则进行了进一步明确。此次义务教育管理体制的改革主要受到了"效率优先、兼顾公平"理念指导下经济体制改革的影响，中央认为不仅要承认全国各省市区之间经济文化发展的不平衡性，而且要承认在一个省、一个市、一个县范围内的发展也是不平衡的。1986 年，第六届全国人民代表大会第四次会议通过了中华人民共和国成立以来的第一部义务教育法——《中华人民共和国义务教育法》，对"地方负责、分级管理"的义务教育管理体制以法律形式进行了确立。这一义务教育管理体制实际上为之后确立的"城市教育政府办、农村教育农民办"办学模式奠定了基础。在《中华人民共和国义务教育法》颁布实施后，《国家教委、国家计委、财政部、劳动人事部关于实施〈义务教育法〉若干问题的意见》发布，该意见明确规定："在城镇，义务教育设施应当列入城镇建设规划……农村中学校舍建设投资，以乡、村自筹为主。""地方负责、分级管理"的义务教育管理体制破除了前一时期中国义务教育由国家包办的模式，而将义务教育管理责任逐渐由中央政府转移到地方政府，开始实行"县、（市辖区）办高中，乡镇办初中，村社办小学"的义务教育办学模式。[①]至此，农村的义务教育开始进入"以乡为主"的时代。"地方负责、分级管理"的义务教育管理体制是与"效率优先、兼顾公平"的经济发展理念相对应的，是

---

① 李名峰，李军超. 公共服务均等化视阈下的湖北城乡义务教育均衡发展研究. 湖北行政学院学报，2013（1）：75-81.

以"效率"取向为其价值目标的，较好地实现了改革开放初期中国基础教育的繁荣发展。但是，在这一体制下所构建的"以乡为主"的农村义务教育格局，进一步加重了农村家庭的教育负担，增加了贫困失学人口的数量，与此同时，还进一步拉大了城乡义务教育的差距。

（三）"以县为主"的阶段（2001—2010 年）

2001 年，国务院在全国范围内推行了农村税费改革，与此同时，2001 年 5 月，《国务院关于基础教育改革与发展的决定》指出，"进一步完善农村义务教育管理体制。实行在国务院领导下，由地方政府负责、分级管理、以县为主的体制"。通过该项调整，农村义务教育的办学模式开始从农民集资办学转向了政府出资办学，义务教育的管理体制开始从"以乡为主"转向了"以县为主"。至此，国家正式确立了"以县为主"的义务教育管理体制。2006 年，这一改革在西部农村地区开始实施，随后扩展到中部和东部农村地区。2008 年，《国务院关于深化农村义务教育经费保障机制改革的通知》确立了"明确各级责任，中央地方共担，经费省级统筹，管理以县为主"的办学体制。2006 年，第十届全国人民代表大会常务委员会第二十二次会议修订通过了《中华人民共和国义务教育法》，义务教育"以县为主"的管理体制再次以法律的形式得以确认。尽管在法律上规定了省级政府在义务教育管理工作中的统筹规划责任，但是更多的是对县级政府的管理责任进行了强化，尤其是在义务教育经费投入上实施"以县为主"的体制。实际上，这便确定了中国的义务教育管理体制是"经费省级统筹、管理以县为主"。伴随着对义务教育公平需求的日益增长和城乡义务教育均衡发展需要的日益增强，"以县为主"的义务教育管理体制的弊端日渐明显。2010 年，《国家中长期教育改革和发展规划纲要（2010—2020 年）》指出，加强省级政府教育统筹。进一步加大省级政府对区域内各级各类教育的统筹。统筹管理义务教育，推进城乡义务教育均衡发展，依法落实发展义务教育的财政责任。由此可见，中国义务教育的管理重心从"以乡为主"上移到了"以县为主"，这便对省级政府的管理责任，尤其是省级政府的教育经费投入责任进行了强化。

"以县为主"的义务教育管理体制对县级政府的义务教育管理责任进行了强化，这在一定程度上缓解了农村义务教育中"以乡为主"所带来的矛盾，改变了"农村教育农民办"的窘境。然而，将义务教育的责任主体从乡镇政府转移到县级政府，义务教育的财政困境问题依旧没有从根本上得到解决。尤其是一些经济不发达地区，首先，县级财政无法满足本辖区内义务教育发展的需要；其次，"以县为主"的义务教育管理体制无法满足流动人口子女接受公平教育的需求；最后，"以县为主"的义务教育管理体制并没有明确定位政府、市场和社会三个办学主体的关系。

从上述中国义务教育管理体制的变迁轨迹中可知，中国义务教育的管理主体，尤其是教育经费的投入重心经历了从国家到乡镇的下移之后，又重新上移到了县级政府和省级政府；此外，由中华人民共和国成立初期的政府包揽包办学校，逐步过渡到今天的政府对学校的管办分离，中央逐步向地方放权、政府逐步向学校放权。

二、"以县为主"的义务教育管理体制对中国义务教育资源配置绩效的影响

根据前文对中国义务教育管理体制演进历程的梳理，中国在实施"以县为主"的义务教育管理体制之前实行的是"地方负责，分级管理"的义务教育管理体制，在该体制下呈现的是"城市教育政府办，农村教育农民办"的格局。随后，"以县为主"的义务教育管理体制取代了农村义务教育"以乡为主"的管理体制。

中国实施的"经费省级统筹，管理以县为主"的义务教育管理体制，对中国的义务教育资源配置绩效究竟会产生何种影响呢？本小节将对这一问题进行重点关注。根据前文的分析，义务教育管理体制的变革一方面会更多地对农村义务教育的发展产生影响；另一方面，它会由于经费的省级统筹对义务教育的省际差异产生影响。所以，本小节更多的是关注"以县为主"的管理体制对义务教育的城乡差距和省际差距所造成的影响，继而能够对义务教育管理体制对义务教育资源配置的效率绩效和均等化绩效进行一定程度的说明。

本书采用的是生均教育经费的泰尔指数分布来测评"以县为主"的义务教育管理体制对城乡义务教育差距的影响。该指数的最大优势在于它能够将不平等的分布进行进一步分解，将其分解为组内差距和组间差距。组内差距可以对

城镇和农村各自内部的生均教育经费差距进行描述，组间差距可以对城镇和农村之间的生均教育经费差距进行描述。本书所要验证的是后者。泰尔指数越大，表明城乡之间的义务教育生均教育经费差距越大，反之，表示城乡之间的义务教育生均教育经费差距越小。

泰尔指数分解公式[①]为

$$Tp = \sum_{i}^{m} S_i \ln\left(\frac{\overline{Y_i}}{\overline{Y}}\right) \tag{5-4}$$

其中，Tp 为选定样本的泰尔指数，反映的是组间差距；m 为分组数；S_i 是 i 组在总支出中所占的份额，$\overline{Y_i}$ 表示 i 组的平均支出。在城乡差距分析中，$i=1$，2，表示有城镇和农村两个组，每个组内有 31 个省级行政区；在地区差距分析中，$i=1$，2，3，表示有东、中、西三个组[②]，东部有 9 个省级行政区，中部有 13 个省级行政区，西部有 9 个省级行政区。

我们根据 1997—2015 年中国教育经费统计年鉴的相关数据（表 5-3 和表 5-5），通过对小学和初中的生均教育经费的泰尔指数进行求解（表 5-4 和表 5-6），分别对义务教育生均教育经费的城乡差距和地区差距进行了相关分析。

（一）义务教育生均教育经费的城乡差距分析

表 5-3　义务教育生均教育经费的城乡差距比较（1997—2015 年）　　单位：元

年份	小学		初中	
	城镇	农村	城镇	农村
1997	804	494	1 323	872
1998	861	512	1 403	853
1999	968	562	1 511	868
2000	1 096	634	1 612	884
2001	1 393	784	1 698	1 005
2002	1 606	936	1 890	1 119
2003	1 809	1 033	2 079	1 188
2004	2 097	1 277	2 409	1 405

---

① 赵力涛.中国义务教育经费体制改革：变化与效果.中国社会科学，2009（7）：80-92，206.

② 根据中国的教育政策，东部地区包括北京、天津、上海、吉林、辽宁、山东、江苏、浙江和广东；中部地区包括河北、山西、黑龙江、安徽、江西、河南、湖北、湖南、海南、福建、重庆、四川和陕西；西部地区包括内蒙古、广西、贵州、云南、西藏、甘肃、青海、宁夏和新疆。

续表

年份	小学		初中	
	城镇	农村	城镇	农村
2005	2 268	1 573	2 746	1 704
2006	1 904	1 531	2 977	2 190
2007	3 170	2 464	3 814	2 927
2008	3 804	3 117	4 823	4 006
2009	3 667	3 236	5 841	5 024
2010	5 367	4 560	6 721	5 874
2011	6 399	5 719	8 369	7 439
2012	6 355	6 156	10 363	9 582
2013	8 531	3 152	11 548	10 996
2014	9 713	8 846	13 065	11 499
2015	10 713	9 909	14 755	13 083

资料来源：根据历年的中国教育经费统计年鉴计算得出。

表 5-4　义务教育生均教育经费的城乡差距泰尔指数（1997—2015 年）

年份	小学生均教育经费泰尔指数	初中生均教育经费泰尔指数
1997	0.0284	0.0224
1998	0.0323	0.0313
1999	0.0352	0.0382
2000	0.0364	0.0471
2001	0.0393	0.0334
2002	0.0354	0.0322
2003	0.0381	0.0372
2004	0.0304	0.0353
2005	0.0254	0.0261
2006	0.0119	0.0106
2007	0.0073	0.0077
2008	0.0047	0.0038
2009	0.0036	0.0025
2010	0.0020	0.0015
2011	0.0013	0.0011
2012	0.0005	0.0004
2013	0.0002	0.0002
2014	0.0009	0.0010
2015	0.0006	0.0009

资料来源：根据历年的中国教育经费统计年鉴计算得出。

由表 5-4 可知，小学生均教育经费的泰尔指数从 1997—2001 年逐年增加，2001 年达到考察区间的峰值 0.0393。这表明，在实施"以县为主"的义务教育管理体制之前，城乡义务教育小学阶段的生均教育经费差距呈逐年扩大的趋势。2001 年，"以县为主"的义务教育管理体制开始实施，小学生均教育经费泰尔指数除 2003 年比前一年有所增加但仍低于 2001 年外，整体上呈现出逐年缩小的趋势。这表明，在实施"以县为主"的义务教育管理体制之后，中国义务教育小学阶段的城乡差距呈逐年缩小的趋势。尤其是在 2006 年之后，在逐步确立了"经费省级统筹，管理以县为主"的义务教育管理体制之后，城乡义务教育小学阶段的差距在整体上以较大的幅度缩小。

初中生均教育经费泰尔指数在考察年份区间内的总体变动趋势同小学阶段的变动趋势大体相当。不同的是，初中生均教育经费的泰尔指数在 2000 年达到峰值，但是从趋势变动的总体趋势看，在实施"以县为主"的义务教育管理体制之前，城乡初中的生均教育经费差距在变大；而在实施"以县为主"的义务教育管理体制之后，泰尔指数总体呈下行趋势，城乡差距在逐渐缩小①；2006 年实施"经费省级统筹，管理以县为主"的义务教育管理体制之后的变化趋势也和小学阶段相似。

由图 5-4 可知，2001 年之后，义务教育小学阶段和初中阶段的生均教育经费的泰尔指数均发生了较大变化，大体上呈现出下行趋势。这表明，2001 年，"以县为主"的义务教育管理体制实施后，对提高义务教育资源配置绩效水平有一定的积极意义。2006 年之后，义务教育的小学阶段和初中阶段的生均教育经费的泰尔指数在整体上以更快的速度在下降，尤其是初中阶段下降的速度大多快于小学阶段的下降速度。这表明，2006 年确立的"经费省级统筹，管理以县为主"的义务教育管理体制进一步提高了义务教育资源配置绩效水平。

---

① "以县为主"的义务教育管理体制实施后，小学和初中的泰尔指数在 2003 年都出现异动。2003 年，教育部等部门发布的《关于 2003 年治理教育乱收费工作的实施意见》，使得义务教育学校的预算外经费大幅度减少，农村义务教育学校对预算外教育经费的依存度高于城市义务教育学校，因而出现 2003 年的数据异动。

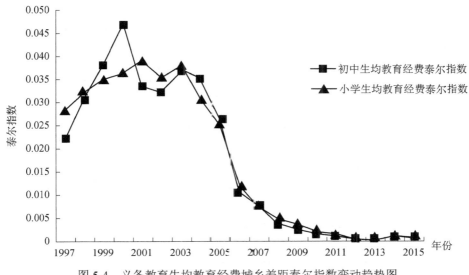

图 5-4 义务教育生均教育经费城乡差距泰尔指数变动趋势图

（二）义务教育生均教育经费的地区差距分析

根据 1997—2015 年的义务教育生均教育经费的地区数据来测算得出其泰尔指数，以比较义务教育生均教育经费的地区差距，如表 5-5、表 5-6 所示。

表 5-5　义务教育生均教育经费的地区差距比较（1997—2015 年）　　单位：元

年份	小学			初中		
	东部	中部	西部	东部	中部	西部
1997	842	489	507	1 370	921	1 020
1998	909	503	548	1 467	907	945
1999	1 045	544	615	1 633	913	980
2000	1 214	615	693	1 765	929	1 021
2001	1 475	757	878	1 989	1 055	1 204
2002	1 749	899	1 044	2 273	1 164	1 374
2003	2 015	993	1 119	2 608	1 223	1 423
2004	2 381	1 206	1 332	3 074	1 415	1 611
2005	2 693	1 454	1 539	3 610	1 702	1 910
2006	3 098	1 714	1 817	4 192	2 064	2 195
2007	3 933	2 298	2 335	5 186	2 803	2 830

续表

年份	小学			初中		
	东部	中部	西部	东部	中部	西部
2008	4 760	2 885	2 997	6 158	3 828	3 964
2009	5 717	3 562	3 753	7 232	4 808	4 950
2010	6 879	4 102	4 607	8 740	5 495	5 847
2011	8 534	5 095	5 711	10 964	7 043	7 137
2012	9 819	6 421	7 170	13 292	9 180	8 793
2013	10 966	7 113	8 353	15 062	10 102	9 919
2014	11 963	8 068	9 236	16 829	11 300	10 721
2015	12 998	9 045	9 979	18 675	12 551	11 543

资料来源：根据历年的中国教育经费统计年鉴计算得出。

表 5-6　义务教育生均教育经费的地区差距的泰尔指数（1997—2015 年）

年份	小学生均教育经费泰尔指数	初中生均教育经费泰尔指数
1997	0.0332	0.0192
1998	0.0374	0.0263
1999	0.0452	0.0384
2000	0.0492	0.0461
2001	0.0463	0.0442
2002	0.0461	0.0481
2003	0.0542	0.0632
2004	0.0501	0.0671
2005	0.0422	0.0622
2006	0.0411	0.0696
2007	0.0371	0.0507
2008	0.0325	0.0274
2009	0.0305	0.0159
2010	0.0370	0.0212
2011	0.0405	0.0265
2012	0.0360	0.0278
2013	0.0323	0.0254
2014	0.0201	0.0182
2015	0.0112	0.0101

资料来源：根据历年的中国教育经费统计年鉴计算得出。

表 5-6 的泰尔指数显示了义务教育阶段生均教育经费的地区差距程度。在 1997—2015 年，义务教育生均教育经费地区差距的变动趋势并没有发生太大变化，2006 年以前整体上呈现出递增的趋势，2006 年之后才整体上呈现逐渐缩小的趋势，而且，初中阶段生均教育经费地区差距的缩小幅度整体上大于小学阶段的缩小幅度。

图 5-5 显示的地区差距泰尔指数变动趋势图表明了义务教育阶段生均教育经费的地区差距的变化趋势。2001 年前，义务教育生均教育经费的地区差距的变化趋势并没有发生太大的变化。这表明，2001 年开始实施的"以县为主"教育体制并没有对义务教育生均教育经费地区差距产生较大的影响，也就是说，该项举措并没有对提高义务教育资源配置绩效水平产生较大的影响。直至 2006 年后，义务教育初中阶段生均教育经费的地区差距整体上以较快的速度缩小，而小学阶段生均教育经费的地区差距自 2003 年起整体呈下降趋势。这表明，2006 年确立的"经费省级统筹，管理以县为主"的义务教育管理体制对义务教育生均教育经费的地区差距产生了一定的影响，尤其是对初中阶段的义务教育生均教育经费的地区差距产生了更大的影响，也就是说，该举措对义务教育资源配置绩效水平的提升起到了一定的积极作用。

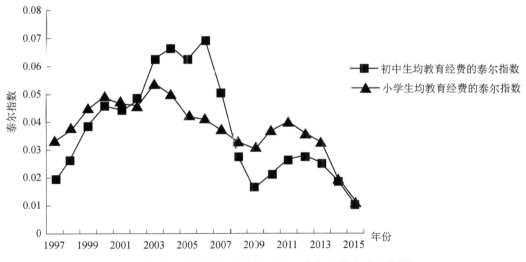

图 5-5　义务教育生均教育经费地区差距泰尔指数变动趋势图

三、实证结果分析

根据前文实证分析的结果，我们可以得出如下结论。①在实施了"以县为主"的义务教育管理体制之后，义务教育生均教育经费的城乡和地区差距变动的"加速度"在减小。尤其是伴随着"经费省级统筹，管理以县为主"的义务教育管理体制的实施，义务教育生均教育经费的城乡差距和地区差距均在缩小，有效遏制了中国义务教育差距持续扩大的趋势。这表明，中国"以县为主"的义务教育管理体制对义务教育资源配置绩效的提升起到了一定的积极作用。②在对"以县为主"的义务教育管理体制进行肯定的同时，我们还需要注意的是，"经费省级统筹，管理以县为主"的义务教育管理体制的实施并没有从根本上消除义务教育生均教育经费的差距，但减缓了差距扩大的速度。

前文的实证研究中选取的变量是生均教育经费，该变量只能够对义务教育的"增量"效果进行反映，并无法反映出义务教育的存量变化。也就是说，该变量只是反映出了"以县为主"的义务教育管理体制实施前后的某一段时期内财政对城乡义务教育投入状况的变动，但是对于义务教育教育经费投入的整体状况，以及义务教育中师资力量差距和教学质量差距并没有反映出来。

第三节 地方政府间竞争对义务教育资源配置绩效的影响机制

一、关于地方政府间竞争

（一）联邦制下的地方政府间竞争

大国治理需要实现分权，然而，分权势必带来地方政府间竞争。有关地方政府间竞争的相关研究经历了从财政分权到地方政府间竞争的演进过程。财政分权理论所依据的主要是哈耶克的相关理论，该理论认为地方政府在为本地区提供公共物品和处理本地区事务的过程中享有信息优势，要比中央政府更有效率。该理论所研究的主要内容是如何在中央政府和地方政府间实现公共职能的配置，以实现公共物品的最优供给，核心问题是对中央财政和地方财政之间的关系进行研究。联邦制下的地方政府间竞争理论是以财政分权为背景的，主要开展地方政府间在税收、资源配置等方面的竞争活动及其竞争效应方面的相关研究。

学界通常认为，地方政府间竞争的相关研究起源于亚当·斯密的《国民财富的性质和原因的研究》。亚当·斯密认为，土地和资本不同，资本具有流动性，而土地是不动产，国家需要对二者的课税进行区分，如若对资本所有者课以重税，则有可能导致其将资本转移至其他国家，只要那里比较能随意经营事业，或者比较能安逸地享有财富①。该论断从税收制度受资源要素的流动性的影响方面对地方政府间竞争进行了相关论述。蒂布特②当属对地方政府间竞争进行明确研究的学者，他在《一个关于地方支出的纯理论》一文中对著名的"用脚投票"理论进行了论述，认为由于在公共物品的供给和税负组合方面各个地

---

① 转引自庞明礼. 地方政府竞争研究述评. 中南财经政法大学学报，2006（3）：36-43，144.

② Tiebout C M. A pure theory of local expenditures. Journal of Political Economy，1956（64）：416-424.

方政府间存在区别，社会公众就可以根据自己的偏好来选择自己的居住地区，可以自由流动到公共物品供给和税负组合令自己满意的地区居住。因此，地方政府为了避免由人口流动所导致的税收流失，不得不最大幅度地提高公共物品供给的满意度。蒂布特据此认为，地方政府间的竞争可以使得本地区公共物品的供给效率得以提高。但是，"蒂布特模型"有诸多严苛的假定条件，譬如，人口流动不受限制、有大量的可供选择的辖区政府、各辖区间的税收体制相同、在辖区间公共物品不存在外部性、信息条件是完备的等等。这一系列的假定条件在现实中是难以实现的，这也是"蒂布特模型"广受诟病的地方。鉴于此，后续不断有学者对该模型的假定条件进行修正，从而得到不同的结论，丰富了地方政府间竞争理论。布雷顿（Breton）是在诸多地方政府间竞争理论中第一个使用"政府竞争"（competitive governments）概念的学者，他认为，政府间是存在竞争的，不管是在政府内部、政府之间抑或是其他提供公共物品的机构之间都存在竞争。在将政治推向一种均衡产出时，政府竞争是一种偏好和需求的显示机制，它将在税收收入和支出决策之间建立联系。[1]相比于"蒂布特模型"而言，布雷顿的政府间竞争理论更为全面。与此同时，该理论在概念界定方面过于宽泛，使得研究的结论较为复杂，不够清晰。

（二）中国地方政府间竞争的路径演进

中西方国家在地方政府的行为方面有着较大区别，使得中西方对地方政府间竞争开展研究得出的文献的侧重点也有所不同。国内较早对地方政府间竞争开展研究的是樊纲等人，他们提出地方政府间"兄弟竞争"理论，该理论认为，地方政府间的竞争就是"公有制的局部或基层单位之间的利益矛盾和利益冲突"[2]。他们还认为，在尚未确立财政分权制度的情况下，中央集权的松绑不可避免地导致地方政府会对中央政府的有利政策和经济资源开展争夺，继而产生地方政府间的竞争。

随着中国改革开放的深入，中国经济的飞速增长被世界誉为"增长奇

[1] Breton A. Competitive Governments: An Economic Theory of Politics and Public Finance. New York: Cambridge University Press, 1996: 523-524.

[2] 樊纲, 张曙光, 杨仲伟等. 公有制宏观经济理论大纲. 上海: 上海三联书店, 1994: 5-9.

迹"。奇迹背后的推动力究竟是什么？究竟是什么使得中国的渐进式改革能够取得如此成功的效果？又有一批学者从地方政府间竞争的角度对此问题进行了探讨。

钱颖一从财政分权和激励的角度出发，认为财政分权会带来中国地方政府间的竞争，使得原本没有相对独立税权的地方政府拥有了一部分经济管理方面的自由处置权，这种分权模式给地方政府带来了较大的激励，使得地方政府有足够的动力去发展地方经济，以满足地方利益的需求。[①]延续这种研究思路，华生等对农村实施家庭联产承包责任制后私有经济的发展进行了考察，指出地方政府间的竞争成为推动经济发展和制度变迁的主要因素。[②]张维迎和栗树和对国有企业改革过程中地方政府的作用进行了考察，指出地方政府间的竞争是推动地区民营化的主要力量。[③]该阶段的学者对地方政府间竞争的研究主要是从竞争的作用和结果两方面开展的，并没有对地方政府间竞争的理论本身进行研究。

有研究者根据布雷顿所提出的地方政府间竞争的思想，提出了一个地方政府间竞争的分析框架，并以此为基础对中国和俄罗斯的渐进式改革绩效差异进行了分析。[④]在这一研究的基础上，冯兴元和刘会荪进一步完善了地方政府间竞争的分析框架，并详细分析了中国地方政府间的竞争行为和竞争绩效，认为制度竞争就是地方政府间竞争的实质。[⑤]此后，杨海水通过建立地方政府间竞争模型分别对相关问题进行了实证研究。[⑥]该阶段的研究进一步规范了之前的地方政府间竞争理论，但更多的是立足于政府分权的作用而非政府竞争。

周黎安从地方官员晋升的视角出发，提出了地方政府间竞争的"政治锦标赛模式"[⑦]。所谓的政治锦标赛模式，指的是上级政府通过设计一定的竞争标

---

① 钱颖一. 激励理论的新发展与中国的金融改革. 经济社会体制比较, 1996（6）：33-37.

② 华生, 张学军, 罗小朋. 中国改革十年：回顾、反思和前景. 经济研究, 1988（9）：13-37.

③ 张维迎, 栗树和. 地区间竞争与中国国有企业的民营化. 经济研究, 1998（12）：13-22.

④ Herrmann-Pillath C. 政府竞争：大国体制转型的理论分析范式. 广东商学院学报, 2009（3）：4-21.

⑤ 冯兴元, 刘会荪. 论我国地方市场分割与地方保护. 国家行政学院学报, 2002（4）：26-32.

⑥ 杨海水. 我国地方政府竞争研究——基于产品和要素不完全流动的视角. 复旦大学博士学位论文, 2005.

⑦ 周黎安. 转型中的地方政府——官员激励与治理. 上海：格致出版社, 2008；87.

准让多个下级政府官员进行竞赛来获得晋升。[1]在周黎安相关研究的基础上，刘剑雄将竞争考核体系从以单一的经济绩效为竞争指标的竞争模式扩展成为包括政治忠诚、经济绩效和辖区民意三个维度的竞争模式，并分别阐述了三种评价机制对地方政府官员的激励效果。[2]上述关于中国地方政府间竞争的相关研究的演进路径可以用图 5-6 进行简单勾勒，其展现了中国对地方政府间竞争的相关研究从分权效用研究到竞争性研究、从定性描述到博弈策略研究的基本脉络走向。

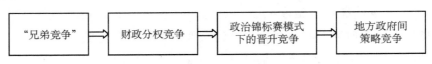

图 5-6　中国地方政府间竞争研究的路径演进[3]

二、地方政府间竞争的行为模式

（一）地方政府的目标函数及约束条件

1. 目标函数

有学者认为，西方联邦制下的地方政府的行为目标相对单一，但是，中国的地方政府有着多元的目标追求，这主要是因为地方政府的身份是多重利益的代表。首先，地方政府需要代表中央政府的整体宏观利益，需要执行中央政府的政策，完成中央政府的计划，需要遵照中央政府的战略意图对本辖区内的经济社会发展进行调控管理；其次，作为本辖区的政权机构，地方政府代表着本辖区的公共利益，需要满足本辖区内人民群众的利益需求，需要实现本辖区福利的最大化；最后，作为地区利益的代表，地方政府需要实现本地区利益的最大化。[4]因此，地方政府作为上述三种利益的代表就有了如图 5-7 所示的目标函数图。

①　周黎安. 转型中的地方政府——官员激励与治理. 上海：格致出版社，2008：89.

②　刘剑雄. 中国的政治锦标赛竞争研究. 公共管理学报，2008（3）：24-29，121-122.

③　周业安，宋紫峰. 中国地方政府竞争 30 年. 教学与研究，2009（11）：28-36.

④　陈瑞莲. 区域公共管理导论. 北京：中国社会科学出版社，2006：113-119.

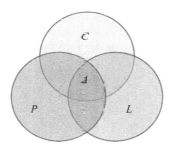

图 5-7 地方政府的目标函数图

注：C 表示中央政府的利益；L 表示地方政府的利益；P 表示地区公共利益；A 表示三者的重合区域。

如果用 U_i 表示 i 地区地方政府的目标函数；C_i 表示中央（上级）政府的利益；L_i 表示该地区地方政府自身利益；P_i 表示该地区公共利益，则地方政府的目标函数可以表述为

$$U_i = F(L_i, P_i, C_i) \qquad (5\text{-}5)$$

如果分别用 $f(\partial 1)$、$f(\partial 2)$、$f(\partial 3)$ 表示 L_i、P_i、C_i 的密度函数，则地方政府的目标函数可以进一步表示为

$$U_i = F\left[L_i f(\partial 1), P_i f(\partial 2), C_i f(\partial 3)\right] \qquad (5\text{-}6)$$

其中，$0 \leqslant f(\partial 1)$，$f(\partial 2)$，$f(\partial 3) \leqslant 1$。

地方政府目标函数作为 L_i、P_i、C_i 的组合，最理想的状态就是三者的重合地带 A 区域（图 5-7），在该区域，中央（上级）政府利益、地方政府自身利益和地方公共利益达到了一致。但是在现实生活中，L_i、P_i、C_i 区域重合的概率总是很低，如前所述，由于中央（上级）政府和下级政府之间存在着信息偏差，那么就有可能出现 C_i 与 L_i 的不一致，也可能出现 L_i 与 P_i 的不一致。既然 L_i、P_i、C_i 不总是完全一致的，那么对于地方政府而言，L_i、P_i、C_i 的实现就有了一个序列存在的问题，究竟是以 C_i 为先，还是以 P_i 实现为重，抑或是最先实现 L_i 的最大化呢？该问题的有效解决就和地方政府及其官员的行为假设有重要关系：一种假设是地方政府及其官员是"公共人"的行为假设，其行为目标是服务于公共利益；一种假设是地方政府及其官员是"经济人"的行为假设，其行为目标是追求自身福利的最大化。公共选择理论认为，不管是在经济市场上，还是在政治市场上，行为主体都具有"理性经济人"的行为属性。因此，本书也接受学界对地方政府及其官员普遍采用的"理性经济人"的行为假设。

以"理性经济人"的行为假设为前提,上述三个行为目标的实现顺序就呈现为:L_i 的实现排为最先;地方政府为了满足中央(上级)政府的需求,获取自身的晋升机会,C_i 的实现则位于序列中的第二层次; P_i 的实现则被地方政府置于目标实现序列中的第三层次。因此,L_i、P_i、C_i 的密度函数就存在 $f(\partial 1) > f(\partial 3) > f(\partial 2)$ 的关系。

2. 约束条件

对地方政府的行为约束主要来自中央(上级)政府及其辖区选民的政治约束、本级政府财政预算的经济约束以及"政府失灵"的能力约束。

首先,在党中央的集中统一领导下,地方政府的人事管理权由中央(上级)政府所掌控,因此,地方政府的主要约束条件就来自中央(上级)政府,具体表现在两个方面:①中央(上级)政府需要确保地方政府对其有着绝对的政治忠诚;②中央(上级)政府要求地方政府能够维护社会稳定。社会的不稳定预示着政府合法性存在危机,因此,地方政府进行决策时必须要充分考虑社会的承载能力。本辖区内的社会公众对地方政府的政治约束主要体现为"退出"约束和"呼吁"约束。当地方政府无法为社会公众提供令其满意的公共服务质量时,就会有居民从本地区"退出",这便会有损于本地区的经济发展;同时,本辖区内的社会公众还可以通过诸如大众媒介、信访等手段来对地方政府的行为进行评价,行使其"呼吁"结束。因此,地方政府在进行决策时就必须充分考虑本辖区内民众的支持率。①

其次,地方政府行为受本级政府财政预算的经济约束。马克思说,"赋税是喂养政府的娘奶"②,即如若没有相应的财政收入,政府便无法正常履行职能。在中国当前所实施的财政体制下,中央和地方实行了分税制,地方经济的发展水平会对地方政府的财政预算产生强力制约,使得地方政府的行为必然会受到财政的可支配力的约束。

最后,地方政府的行为会受到"政府失灵"的能力约束。地方政府是有限理性的,地方政府实施决策的相关环境信息存在复杂性,加之地方政府知识的

---

① 陈瑞莲. 区域公共管理导论. 北京:中国社会科学出版社,2006:116-119.

② 马克思,恩格斯. 马克思恩格斯全集(第7卷). 中共中央马克思恩格斯列宁斯大林著作编译局译. 北京:人民出版社,1959:94.

不完全性，以及地方政府的行为存在的滞后性，使得地方政府的公共决策效果会受到一定的影响。

三、同级地方政府间的竞争模型

地方政府的目标函数具体体现为地方政府官员对中央（上级）政府的宏观利益、本级政府的自身利益和本级政府辖区内的公共利益的追求。对中央（上级）政府宏观利益的实现具体体现为地方政府官员对中央（上级）政府的政治忠诚；对本级政府自身利益的实现具体体现为地方政府官员的资源控制量；对本辖区内公共利益的实现具体体现为地方政府官员所能获取的辖区内民意支持，如图 5-8 所示。

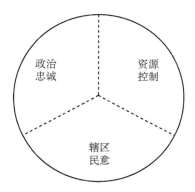

图 5-8　地方政府官员目标函数

为了研究所需，本书假定政府有中央政府和地方政府两级，在 1 个中央政府的领导下有 2 个地方政府 A 和 3，且 A、B 同质。H_i 代表 i 区地方政府官员的晋升指数；R_i 表示 i 区地方政府官员的政治忠诚度，密度函数为 $F(\partial 3)$；E_i 表示 i 区地方政府官员的资源控制量，密度函数为 $F(\partial 1)$；P_i 表示 i 区地方政府官员的民意支持度，密度函数为 $F(\partial 2)$。那么，地方政府官员的目标函数就可以设定为

$$H_i = F\left[E_i F(\partial 1) + P_i F(\partial 2) + R_i F(\partial 3)\right] - H_j + \theta_i \tag{5-7}$$

其中，$0 \leqslant F(\partial 1)$，$F(\partial 2)$，$F(\partial 3) \leqslant 1$。

H_j 表示非 i 区的另一地方政府官员晋升指数；θ_i 表示通过非政绩手段获得晋

升的随机干扰项，且 θ_i（i=A，B）各项间相互独立。

研究发现，式（5-7）实际是一个拟线性函数，反映了地方政府关于不同利益偏好关系以及地方政府间的竞争对某一地方政府官员晋升的影响。$F(\partial 1)$、$F(\partial 2)$、$F(\partial 3)$ 分别代表了各利益偏好的权重。如前文所述，在当前政治体制框架内，各利益偏好权重存在 $F(\partial 1) > F(\partial 3) > F(\partial 2)$ 的关系。由于当前主要是以经济指标作为晋升考核的标准，地方政府官员对中央政府的政治忠诚的测度主要体现为对经济政策的执行和对经济发展状况的测度；地方政府间竞争的核心内容也主要集中在经济发展领域。式（5-7）可以简化为

$$H_i = \max E_i F(\partial 1) + P_i F(\partial 2) + \theta_i \tag{5-8}$$

式（5-8）反映的是地方政府将固定的财政支出分别投资于两种不同类型物品 E_i 和 P_i。E_i 表示以经济绩效为核心的投资，具有负外部性，即地方政府 A 对 E_i 投资的增加会使地方政府 B 的晋升效用减少；P_i 表示以地区公共物品（义务教育更为典型）为代表的投资，具有正外部性，P_i 的投资增加会使地方政府 A 和 B 的官员晋升效用都增加。假定 A、B 两个地方政府的财政投资效用函数分别取如下柯布-道格拉斯形式[①]：

$$H_i = \left(P_i + r P_j\right)^{\alpha} \left(E_i - \theta E_j\right)^{\beta} \tag{5-9}$$

其中，$0 < r,\ \theta,\ \alpha,\ \beta < 1$；$\alpha + \beta < 1$。

r 反映的是投资地区公共物品正外部性大小的一个参数，r 越大，表明地方政府公共物品投资的正外部越大，反之则反是；θ 反映的是投资经济发展负外部性大小的一个参数，θ 越大，表明地方政府经济发展投资的负外部性越大，反之则反是。

假设 A、B 两个地方政府财政支出总额给定且都等于 M，A 地方政府官员和 B 地方政府官员都在预算约束条件下追求自身晋升指数最大化，则 A 地方政府官员的目标函数及约束函数为

$$\max H_A = \left(P_A + r P_B\right)^{\alpha} \left(E_A + \theta E_B\right)^{\beta} \tag{5-10}$$

$$P_A + E_A \leqslant M,\ P_A \geqslant 0,\ E_A \geqslant 0 \tag{5-11}$$

B 地方政府官员的目标函数及约束函数为

---

① 谢晓波（2006）运用该模型验证了地方政府竞争与区域经济的协调发展问题；易志斌（2011）通过该模型对地方政府竞争的博弈行为与水环境保护问题进行了探讨，本书亦参考前述研究成果，运用该模型对地方政府竞争的相关问题进行研究。

$$\max H_{\mathrm{B}} = \left(P_{\mathrm{B}} + r P_{\mathrm{A}}\right)^{\alpha} \left(E_{\mathrm{B}} + \theta E_{\mathrm{A}}\right)^{\beta} \tag{5-12}$$

$$P_{\mathrm{B}} + E_{\mathrm{B}} \leqslant M, \ P_{\mathrm{B}} \geqslant 0, \ E_{\mathrm{B}} \geqslant 0 \tag{5-13}$$

求解由式（5-10）、式（5-11）、式（5-12）、式（5-13）组成的最优化问题，由一阶条件可得地方政府 A 和地方政府 B 的反应函数分别为

$$P_{\mathrm{A}} = \frac{\alpha - \alpha\theta}{\alpha + \beta} M + \frac{\alpha\theta - \beta r}{\alpha + \beta} P_{\mathrm{B}} \tag{5-14}$$

$$P_{\mathrm{B}} = \frac{\alpha - \alpha\theta}{\alpha + \beta} M + \frac{\alpha\theta - \beta r}{\alpha + \beta} P_{\mathrm{A}} \tag{5-15}$$

由式（5-14）、式（5-15）可得

$$P_{\mathrm{A}}^{*} = P_{\mathrm{B}}^{*} = \frac{\alpha - \alpha\theta}{\beta - \beta r + \alpha - \alpha\theta} M \tag{5-16}$$

$$E_{\mathrm{A}}^{*} = E_{\mathrm{B}}^{*} = \frac{\alpha - \alpha\theta}{\beta - \beta r + \alpha - \alpha\theta} M \tag{5-17}$$

将式（5-16）、式（5-17）分别代入式（5-10）、式（5-12），可以得到地方政府 A 和 B 的均衡收益为

$$H_{\mathrm{A}}^{*} = H_{\mathrm{B}}^{*} = \left[\frac{\alpha - \alpha\theta}{\beta + \beta r + \alpha - \alpha\theta}(1+r)M\right]^{\alpha} \left[\frac{\beta + \beta r}{\beta + \beta r + \alpha - \alpha\theta}(1-\theta)M\right]^{\beta} \tag{5-18}$$

式（5-18）表明，在地方政府 A 和 B 进行独立决策时，两个地方政府的竞争会导致两者陷入"囚徒困境"的境地。

对式（5-14）或式（5-15）中的 r、θ、M 分别进行求导，可以得出

$$\frac{\partial P_{\mathrm{A}}^{*}}{\partial r} = \frac{\partial P_{\mathrm{B}}^{*}}{\partial r} - \frac{\alpha\beta(1-\theta)}{(\beta + \beta r + \alpha - \alpha\theta)^{2}} M < 0 \tag{5-19}$$

$$\frac{\partial P_{\mathrm{A}}^{*}}{\partial \theta} = \frac{\partial P_{\mathrm{B}}^{*}}{\partial \theta} - \frac{\alpha\beta(1+r)}{(\beta - \beta r + \alpha - \alpha\theta)^{2}} M < 0 \tag{5-20}$$

$$\frac{\partial P_{\mathrm{A}}^{*}}{\partial M} = \frac{\partial P_{\mathrm{B}}^{*}}{\partial M} - \frac{\alpha\beta(1+r)}{(\beta + \beta r + \alpha - \alpha\theta)^{2}} M > 0 \tag{5-21}$$

式（5-19）表明，当公共物品投资的外部经济效应较强时，地方政府将会减少该项投资的财政投入量，反而更倾向于地方政府之间相互"搭便车"；式（5-20）表明，当地方政府 A 对经济发展的财政投入增加，会带来地方政府 B 的政绩收益减少时，地方政府 B 则将会加大对经济发展的财政投入，而

减少对地方公共物品方面的财政支出；式（5-21）则表明，当地方政府所能支配的财政支出的预算总量增加时，地方政府将会同时增加用于经济发展和公共物品的财政支出。

四、地方政府的行为选择对义务教育资源配置绩效的影响

前文所述的地方政府间竞争模型表明，当地方政府的财政投入需要在经济发展和供给公共物品之间做出选择时，作为"理性经济人"的地方政府及其官员，会将更多的财政支出用于经济发展，而不是更多地投入到公共物品的供给方面，尤其会将更多的财政资源投向城镇，形成地方政府政绩的"集聚效应"。在教育领域，大量的"重点学校""集团化学校"均集中于城镇，形成城乡教育差距的现象，城乡义务教育差距在很大程度上缘于此。鉴于此，本书在本小节分析地方政府行为选择对义务教育资源配置绩效的影响时，更多的是关注义务教育资源配置的均等化绩效，即地方政府的行为选择将会对城乡义务教育的均衡发展产生何种影响，以对上述理论模型进行验证。因此，本小节做出如下假设。

假设 1：在 R_i 与 E_i 方向相一致的情况下，意味着中央政府对地方政府的绩效考核是以经济发展作为核心内容的，因此，地方政府间的竞争将不利于城乡义务教育均衡发展的实现。

假设 2：在 R_i 与 P_i 方向相一致的情况下，即中央政府以民生发展为核心内容来对地方政府的绩效进行考核，地方政府间的竞争将有利于城乡义务教育的均衡发展，但地方政府更重义务教育的"硬件"，而轻"软件"。

为了验证假设 1，我们建立如下回归方程

$$\text{edu}_i = \alpha + \beta_1 \text{ratioFDI}_i + \beta_2 \text{ratioEF}_i + \varepsilon_i \qquad (5\text{-}22)$$

方程（5-22）中被解释变量 edu_i 表示第 i 区城乡小学和初中发展的不均衡度（$i=1$，2，…，31）；解释变量中，地方政府间竞争目前主要表现为吸引外资，因此，我们选取各地方政府吸引的对外直接投资（foreign direct investment，

FDI）与当年全国平均值的比值 $ratioFDI_i$ 为地方政府竞争的代理变量[①]；前文建立的地方政府间的竞争模型是在地方政府财政预算支出总量固定的前提下做出的，而教育经费投入总量的变动也可能影响到城乡义务教育的均衡度，因此，我们同时选取预算内教育经费占地方政府财政预算的比重 $ratioEF_i$ 为解释变量；ε_i 表示未纳入方程的其他解释变量。数据运用 2015 年各省级政府的有关数据，具体如表 5-7 所示。

表 5-7　各省级政府教育经费及 FDI 指标（2015 年）

地区	小学预算内教育经费城乡比	初中预算内教育经费城乡比	FDI 比重（%）	预算内教育经费占预算支出比重（%）
北京	0.86	0.83	0.80	0.16
天津	1.17	1.30	0.88	0.18
河北	1.00	1.02	0.81	0.19
山西	0.86	0.89	0.24	0.16
内蒙古	0.79	0.86	0.24	0.12
辽宁	0.92	1.03	2.18	0.12
吉林	0.89	0.86	0.23	0.14
黑龙江	0.88	1.05	0.18	0.15
上海	1.25	1.25	1.50	0.14
江苏	1.02	0.95	5.59	0.18
浙江	0.99	1.03	2.62	0.20
安徽	0.99	0.96	0.92	0.16
福建	0.93	0.94	1.67	0.19
江西	1.02	1.01	0.54	0.18
山东	1.08	1.03	1.92	0.20
河南	1.02	1.06	0.41	0.20
湖北	0.98	0.93	0.87	0.16
湖南	1.07	1.06	0.57	0.17
广东	1.12	1.28	4.27	0.20
广西	0.99	1.05	0.51	0.19
海南	0.94	1.02	0.44	0.16

[①]　张军等（2007）以地方政府实际利用的 FDI 作为地方政府竞争的代理变量，FDI 受国家整体经济环境影响较大，某一地区 FDI 绝对量的下降并不意味着该地区竞争能力的下降，因此，本书以各地区实际利用 FDI 占当年全国平均值的比重为地方政府竞争的代理变量；郑磊（2008）、王爱民（2009）也采取了 FDI 占全国的比重作为衡量地方政府间竞争的变量。

续表

地区	小学预算内教育经费城乡比	初中预算内教育经费城乡比	FDI 比重（%）	预算内教育经费占预算支出比重（%）
重庆	1.05	1.02	1.18	0.14
四川	0.99	0.99	0.91	0.16
贵州	0.99	1.04	0.18	0.18
云南	0.96	1.02	0.27	0.15
西藏	0.99	1.14	0.00	0.12
陕西	0.90	0.87	0.77	0.18
甘肃	0.91	0.95	0.05	0.16
青海	0.90	0.84	0.07	0.12
宁夏	1.01	0.93	0.03	0.12
新疆	0.94	0.99	0.14	0.17

资料来源：根据历年的中国统计年鉴和中国教育经费统计年鉴计算得出。

根据表 5-7 的相关数据对式（5-21）进行回归分析的结果如表 5-8 所示。

表 5-8　方程（5-21）回归分析结果

项目	edu_i（小学）	edu_i（初中）
ratioFDI_i	0.021	0.019
	（1.502）	（1.061）
ratioEF_i	0.750	0.817
	（1.109）	（0.937）
常量	0.838***	0.855***
	（7.836）	（6.207）
F	2.273**	1.611**
R^2	0.165	0.103
调整的 R^2	0.106	0.039

根据表 5-8 的回归分析结果可得出

$$\text{edu(小学)} = 0.838 + 0.021\text{ratio}FDI + 0.750\text{ratio}EF \tag{5-23}$$

$$\text{edu(初中)} = 0.855 + 0.019\text{ratio}FDI + 0.817\text{ratio}EF \tag{5-24}$$

尽管回归方程的拟合度相对不高，但不影响解释变量对被解释变量的影响方向，方程（5-23）、方程（5-24）表明地方政府间竞争与小学、初中的城乡差距呈正相关关系，即随着地方政府竞争度的增加，城乡义务教育差距将逐渐扩大，假设 1 得以证实。

式（5-8）反映的是，当前中央攻府以经济发展绩效作为对地方政府官员晋升的考核标准时，地方政府官员的目标函数。近年来，特别是自十七大以后，中央政府对民生问题的关注逐渐增强，在对地方政府进行绩效考核时也加大了民生指标的权重，如果中央政府以民生为核心内容对地方政府实施绩效考核，以地方政府所提供的公共物品的质量和数量为标准，地方政府的目标函数可以改变为

$$H_i = \max F\left[E_i f(\partial 1) + P_i f(\partial 2)\right] + \theta_i \tag{5-25}$$

该式意味着，中央政府以民生指标作为对作为"理性经济人"的地方政府及其官员进行绩效考核的核心内容时，由于地方政府发展经济和提供公共物品是以财政规模作为基础的，地方政府官员晋升指数的最大化便会具体体现为经济发展和公共物品提供混合函数的最大化。具体到义务教育发展领域，地方政府将会更倾向于改善中小学发展的硬件设施，对于中央政府不易于考核的软件环境改善的力度相对有限。

第四节　城乡二元体制对义务教育资源配置
绩效的影响机制

一、中国城乡二元体制的起因与制度塑造

　　荷兰经济学家波克（J. H. Boeke）在对当时属于荷兰殖民地的印度尼西亚进行研究时发现，印度尼西亚的经济社会呈现出明显的分割状态，即"在城市已经出现了诸如市场经济、市民社会等现代化的产物，而在农村的公社制度仍然处于原始状态"[①]。波克用"二元"的概念来对这种经济社会结构进行描述，认为二元的经济社会结构有着各自不同的特点，应该运用不同的经济理论对其进行治理。[②]波克的二元结构概念后来被众多学者用于对转型期国家的经济社会现象的分析，其中，最具影响力的当数美国的经济学家阿瑟·刘易斯（W. A. Lewis）。1954 年，阿瑟·刘易斯在《劳动无限供给条件下的经济发展》一文中提出了二元经济模型，即将国民经济分为两个部门：一是传统的农业部门；二是现代的工业部门。他认为，一个经济社会的发展过程实际上就是一个农业在国民经济中所占比重不断下降，而工业在国民经济中所占比重不断上升的过程。[③]阿瑟·刘易斯的二元经济模型在解释一国经济发展的同时，也受到了许多挑战。拉尼斯（G. Ranis）、费景汉（John C. H. Fei）等认为，阿瑟·刘易斯的理论过度贬低了农业在国民经济中的地位和作用，并对阿瑟·刘易斯的二元经济模型进行了修正。20 世纪 60 年代，舒尔茨（T. Z. W. Schultz）从人力资源开发

---

① 转引自 Moore W E. Economics and Economic Policy of Dual Societies as Exeplified by Indonesia. New York：Institute of Palations，1954：186.

② 转引自 Moore W E. Economics and Economic Policy of Dual Societies as Exeplified by Indonesia. New York：Institute of Palations，1954：186.

③ 阿瑟·刘易斯. 劳动无限供给条件下的经济发展//外国经济学说研究会. 现代国外经济学论文选（第八辑）. 北京：商务印书馆，1984：48-95.

的视角出发对阿瑟·刘易斯的二元结构理论进行了批判，而更多地强调了教育和人力资源开发在改变城乡二元结构过程中的重要作用。

之后，尽管不同的学者从不同的角度均对阿瑟·刘易斯的二元经济模型进行了批评和修正，但是，在 20 世纪 50 年代至 20 世纪 70 年代末，在对经济发展过程进行阐释的诸多理论中，二元结构理论一直被作为一个主导理论存在，尤其是该时期的诸多发展中国家都将二元结构理论作为本国经济发展路径设计的理论支撑。实践中，在从传统社会向现代社会过渡的过程中，城乡二元结构问题已经成为发展中国家共同面临的问题。通常认为，20 世纪 50 年代，中国的城乡二元结构问题开始出现。中华人民共和国成立之初，百业待兴。在赶超战略的指导下，优先发展的是重工业，加之资本和物质资源的短缺，国家运用行政手段为重工业的发展集聚资源。

二、城乡二元体制对义务教育资源配置均等化绩效的影响

城乡二元体制主要影响城乡义务教育的均衡发展，继而会影响义务教育资源配置的均等化绩效。本书更多的是关注城乡二元体制对义务教育资源配置均等化绩效的影响。

城市和农村彼此分割的城乡二元体制是由一系列的制度安排所造成的。因此，本书将城乡二元体制看作一系列制度安排的集合，包括城乡二元户籍管理制度、二元教育体制、二元公共服务供给制度、二元土地制度、二元就业制度等，其中各个制度都属于城乡二元体制的子集。

（一）城乡二元户籍管理制度对城乡义务教育均衡发展的影响

城乡二元户籍管理制度是促成城乡二元体制的一项重要制度安排。户籍制度的最初意图在于提供本辖区内的人口统计资料。但是，随着时间的推移，户籍制度的职能已经远远超过了其原本的职能，更多的是一种身份的象征，其背后附着一系列的福利待遇。

城乡二元户籍管理制度对城乡义务教育发展的影响主要体现在以下两个方面。一是建立在户籍制度上的义务教育的就近入学制。2006 年，修订后实施的

《中华人民共和国义务教育法》第十二条规定："地方各级人民政府应当保障适龄儿童、少年在户籍所在地学校就近入学。"简单来说，就近入学的依据就是户籍。这在一定程度上变相催生了"高价择校费"的出现。二是城乡二元户籍管理制度导致了部分流动人口子女较难享受到公平的义务教育权利。当前，中国就农民工子女的义务教育问题主要实施的是"以流入地政府管理为主，以全日制公办学校为主"①的"两为主"政策。但是现实中，一些城市的义务教育学校经常以教育资源的有限性为由，对农民工子女收取借读费，有的学校甚至直接予以拒绝接收；另外，许多在城市就读的农民工子女只能回户籍所在地参加升学考试。

（二）城乡二元教育体制对城乡义务教育均衡发展的影响

城乡二元教育体制即城市和农村在教育目标、教育经费投入以及教育办学标准等方面呈现出二元化的特征，是城乡二元社会的一种表现形式。

长期以来的城乡二元教育体制，使得城市和农村在义务教育的发展目标定位上存在着明显不同。城市义务教育的目标定位于"为城"服务，而农村义务教育的目标定位于"为农"服务。随着城乡统筹发展浪潮的到来，农村义务教育的发展目标又出现了"为农"与"离农"的悖论。②这种"离农"思想遭到了一些学者的批判，陶行知先生曾指出，"中国乡村教育走错了路：他教人离开乡下向城里跑，他教人吃饭不种稻，穿衣不种棉，做房子不造林。他教人羡慕奢华，看不起务农，他教人分利不生利，他教农夫的子弟变成书呆子"③。城乡义务教育发展目标上的二元取向，致使城乡义务教育在价值选择上出现了二元分割，最终导致了城乡义务教育发展的分离。

城乡义务教育经费投入的二元化特征主要体现为"城市教育政府办，农村教育农民办"。城乡义务教育经费投入的二元化特征形成于改革开放后，基于中国实施的"地方负责，分级管理"的义务教育管理体制。这种义务教育管理体制使得城乡在义务教育的经费投入方面的差距迅速扩大，加剧了城乡义务教

① 国务院关于解决农民工问题的若干意见. http://www.gov.cn/jrzg/2006-03/27/content_237644.htm ［2020-02-10］.

② 邬志辉，马青. 中国农村教育现代化的价值取向与道路选择. 中国地质大学学报（社会科学版），2008（6）：58-62.

③ 转引自戚务念. 多元化：当前农村教育目标的必然选择. 江西教育科研，2005（8）：23-24.

育的二元化特征。伴随中国"以县为主"的新型义务教育管理体制的实施以及《国家中长期教育改革和发展规划纲要（2010—2020 年）》的颁布，义务教育经费投入方面的城乡二元化特征逐渐减弱。

城乡义务教育除了在教育目标和经费投入方面呈现出二元化特征，在办学标准方面也呈现出二元化的特征。譬如，2008 年，河南省实施了《河南省农村义务教育阶段学校办学条件基本标准（试行）》，该标准明确说明"此标准适用于现阶段农村（含县镇）初中、小学"，这只是对农村学校的办学条件制定的单列的基本标准，而非城乡统一的义务教育学校的办学标准。河南省濮阳市依照《河南省农村义务教育阶段学校办学条件基本标准（试行）》《河南省普通中小学管理基本规范（试行）》的要求，制定了〈濮阳市教育局关于在全市义务教育阶段实施标准化学校建设工程的通知〉，该通知明确规定："按照农村小学师生比1：25，县（镇）小学师生比 1：23，城市小学师生比 1：20，农村初中师生比1：18.5，县（镇）初中师生比 1：16.5，城市初中师生比 1：13.5 的比例，足额使用省核定的中小学教职工编制，配齐各学科教师。"

（三）城乡二元经济结构对城乡义务教育均衡发展的影响

城乡二元经济结构是中国城乡二元体制中最明显、最受关注的一种表现形式，有静态结构和动态结构之分。城乡二元经济的静态结构指的是"二元经济结构及与这些结构相联系的制度结构"①；城乡二元经济的动态结构指的是从农村传统农业向城市现代工业的转化及在该转化过程中所带来的剩余劳动力的转移。城乡二元经济的静态结构既体现在城市以现代工业为主、农村以传统农业为主的经济形式方面的差异，也体现在城乡居民收入的巨大差异上。城乡居民可支配收入的差异也导致了城乡居民在义务教育方面投入的差异。林志伟运用协整理论研究了中国城乡居民在教育方面的投入与城乡教育差距二者之间的关系，指出二者之间存在着明显的协整关系，这种协整关系是一种长期均衡，需要较长时间对其进行修正。②刘云忠和徐映梅运用 1990—2005 年的面板数据进

---

① 沈亚芳.二元经济结构转换下的农村教育——一般理论与中国实践.生产力研究，2008（6）：26-28，44.
② 林志伟.中国城乡收入差距与教育差距的协整性分析.山西财经大学学报（高等教育版），2006（4）：35-38.

行统计分析的结果表明，中国城乡间的教育差距与城乡居民的教育投入之间的协整系数为 4.0，即城乡居民教育投入差距每增加 1 个单位，城乡间的教育差距将会增大 4 个单位。[①]在城乡二元经济的动态结构中，随着城镇化进程的加快，农村劳动力大量流向城市，农村空巢家庭持续增多，大量的农村家庭仅留有老人和孩子，这便使得在义务教育的投入方面，农村家庭远远落后于城市家庭，同时也使得义务教育的家庭教育方面，农村家庭远远落后于城市家庭；与此同时，即使是随父母进城就读的子女，也难以享有与城市家庭子女完全相同的教育待遇，在城市内部又形成了新的"城乡二元"，进一步拉大了城乡义务教育的差距。

三、城乡二元体制与城乡义务教育非均衡的实证分析

本书依旧选取生均预算内教育经费作为衡量被解释变量城乡义务教育均衡度（Y）的指标，选取城乡经济二元（X_1）和城市化率（X_2）两个变量作为城乡二元体制的衡量指标，其中，变量 X_1 通过城乡收入的比值进行衡量，变量 X_2 通过非农业人口在全国人口中所占比重进行衡量。由于我国于 2001 年实施了"以县为主"的义务教育管理体制，我们把 2001 年作为一个虚拟变量（X_3），2001 年之前取 0，2001 年之后取 1，用 υ 表示未纳入方程的解释变量。根据表 5-9 的统计数据，建立对数方程（5-26）对中国城乡二元体制与城乡义务教育均衡发展间的关系进行分析。

$$\ln Y = \alpha + \beta_1 \ln X_1 + \beta_2 \ln X_2 + \beta_3 \ln X_3 + \upsilon \tag{5-26}$$

表 5-9　生均预算内教育经费、城乡收入及城镇人口情况统计表（1997—2015 年）

年份	小学生均预算内教育经费（元）		初中生均预算内教育经费（元）		农村人均纯收入（元）	城镇居民人均可支配收入（元）	城镇人口占总人口比重（%）
	农村	城镇	农村	城镇			
1997	277	487	467	778	2 090.10	5 160.30	31.91
1998	305	531	477	805	2 161.98	5 425.10	33.35

---

① 刘云忠，徐映梅. 我国城乡教育差距与城乡居民教育投入差距的协整研究——基于 1990—2005 年的数据分析. 教育与经济，2007（4）：42-46.

续表

年份	小学生均预算内教育经费（元）		初中生均预算内教育经费（元）		农村人均纯收入（元）	城镇居民人均可支配收入（元）	城镇人口占总人口比重（%）
	农村	城镇	农村	城镇			
1999	344	583	505	837	2 210.34	5 854.00	34.78
2000	408	675	529	897	2 253.42	6 280.00	36.22
2001	548	906	661	998	2 366.40	6 859.60	37.66
2002	710	1 090	807	1 163	2 475.63	7 702.80	39.09
2003	805	1 239	874	1 283	2 622.24	8 472.20	40.53
2004	999	1 456	1 046	1 530	2 936.40	9 421.60	41.76
2005	1 183	1 588	1 355	1 696	3 254.93	10 493.00	42.99
2006	1 531	1 875	1 379	2 732	3 587.0	11 759.5	44.34
2007	2 100	2 408	2 465	2 903	4 140.4	13 785.8	45.89
2008	2 641	2 978	3 390	3 795	4 760.6	15 780.8	46.99
2009	3 236	3 645	4 268	4 689	5 153.2	17 174.7	48.34
2010	3 876	4 252	5 061	5 596	5 919.0	19 109.4	49.95
2011	4 848	5 194	6 376	6 852	6 977.3	21 809.8	51.27
2012	6 156	6 345	6 875	10 464	7 916.6	24 564.7	52.57
2013	6 974	7 052	9 463	9 561	8 895.9	26 955.1	53.73
2014	7 519	7 925	9 934	10 746	9 892.0	29 381.0	54.77
2015	8 653	9 049	11 550	12 495	10 772.0	31 790.3	56.10

资料来源：根据历年的中国统计年鉴、中国教育经费统计年鉴和中国农村统计年鉴计算得出。

为避免变量异方差的存在，本书运用二阶最小二乘法通过软件 SPSS13.0 对方程（5-26）进行回归分析，具体结果如表 5-10 所示。

表 5-10　方程（5-26）回归分析结果

项目	$\ln Y_小$	$\ln Y_初$
$\ln X_1$	0.123**	0.193
	(0.450)	(0.160)
$\ln X_2$	−1.217***	−1.230**
	(−9.915)	(−2.266)
$\ln X_3$	−0.008	−0.024**
	(−0.122)	(−0.077)
常量	4.715***	5.821**
	(8.955)	(2.500)
F	92.426***	4.913***
R^2	0.952	0.513
调整后的 R^2	0.942	0.408

由表 5-10 的回归分析结果可知：城乡小学生均预算内教育经费与城乡二元体制的模型关系，如方程（5-27）所示，城乡初中生均预算内教育经费与城乡二元体制的模型关系，如方程（5-28）所示。

$$\ln Y_{小} = 4.715 + 0.133 \ln X_1 - 1.217 \ln X_2 - 0.008 \ln X_3 \tag{5-27}$$

$$\ln Y_{初} = 5.281 + 0.193 \ln X_1 - 1.23 \ln X_2 - 0.024 \ln X_3 \tag{5-28}$$

据表 5-10，方程（5-27）、方程（5-28）的拟合度分别为 94.2%、40.8%；F 值分别为 92.426、4.913。这表明，本书所设定的模型对城乡义务教育发展的均衡度与城乡二元体制之间存在较强的解释度。模型中，$\ln X_1$ 的系数均为正数，这表明伴随着城乡收入比的增加，即城乡居民收入差距的加大，城乡义务教育之间的差距也会随之加大；模型中 $\ln X_2$ 的系数均为负，这表明，伴随着中国城镇化进程的推进，城镇人口占全国总人口的比重不断增加，城乡义务教育之间的差距在随之缩小。模型中虚拟变量在 5%水平下显著，这表明，2001 年实施的"以县为主"的义务教育管理体制改革对城乡义务教育的均衡发展有着较大的影响。

第五节 本 章 小 结

影响中国义务教育资源配置绩效水平的因素主要包括中国式财政分权制度、"以县为主"的义务教育管理体制、地方政府间竞争以及城乡二元体制。

1）中国式财政分权制度是影响中国义务教育资源配置绩效的一项重要因素。中国式财政分权制度实现了各级地方政府相互竞争发展，一方面为我国的经济增长提供了巨大的推动力，另一方面也在一定程度上阻碍了劳动力、信息、技术等各种要素在全国范围内的自由流动。在前文对政府的义务教育投入责任进行估算并设立估算模型的基础上，本章分析了中国式财政分权制度对中国义务教育城乡差距的影响，继而分析了其对中国义务教育资源配置效率绩效和均等化绩效的影响。结果表明，伴随着中国式财政分权度的提高，中国城乡义务教育生均教育经费绝对值在大幅提高，且在农村的教育经费投入年均增长率高于城镇的同时，城镇生均教育经费的绝对值依旧远远高于农村，存在较大的差距。

2）"以县为主"的义务教育管理体制对义务教育资源配置绩效水平的提升起到了一定的积极作用。"以县为主"的义务教育管理体制实施之后，义务教育的城乡和省际差距变动的"加速度"在减小。尤其是中国在实施了"经费省级统筹，管理以县为主"的义务教育管理体制之后，城乡间和省际义务教育的差距逐步缩小，对中国义务教育差距持续扩大的态势进行了有效遏制。

3）地方政府间竞争是影响地方政府行为选择的一个重要因素，继而影响义务教育资源配置的绩效水平，更多的是对义务教育资源配置的均等化绩效产生影响。

4）城乡二元体制是影响义务教育资源配置绩效的又一主要因素，更多的是对义务教育资源配置的效果绩效产生影响。通过构建城乡二元体制与城乡义务教育均衡度的回归模型，我们测度出随着城乡收入比值的提高即城乡居民收入差距的拉大，城乡义务教育差距也随之拉大；随着城镇人口在全国人口总量中所占比重的增加即城乡二元体制的减弱，城乡义务教育之间的差距随之缩小。这表明，城乡二元体制整体上不利于中国义务教育资源配置均等化绩效的提升。因此，破除城乡二元体制，加快建立城乡整合发展体制机制和政策体系显得尤为迫切。

第六章

提升义务教育资源配置绩效的路径选择

第一节 增加义务教育经费投入，提升
义务教育资源配置的规模绩效

义务教育经费支出占 GDP 的比重是衡量一国教育投入水平的重要指标之一。厉以宁等经济学家通过实证研究得出的结论认为，当一国人均 GDP 实现 800～1000 美元的时候，教育与经济需要实现良性发展，义务教育经费支出占 GDP 的比重必须要达到的下限水平为 4.07%～4.25%。[①]事实上，4%已经成为义务教育经费支出占 GDP 比重必须要达到的一个标准。1993 年，《中国教育改革和发展纲要》就提出了财政性教育经费支出要实现占 GNP 4%的目标，直至 2012 年中国才实现该目标。为了实现上述 4%的目标，中国还提出了"两个确保"，即确保财政支出中教育支出的优先增长和确保预算安排中教育经费的"三个增长"[②]。为了进一步落实上述 4%的目标，政府应将财政支出的增量部分优先投入教育领域，以提高教育资源在社会总资源中所占的比重，继而提升义务教育资源配置的规模绩效。本书认为，具体而言，应该从以下几个方面入手进一步加大教育经费的投入，并注重提升义务教育经费投入的使用效益。

一、强化政府作为投入主体的责任，保障义务教育经费的充足供给

衡量义务教育经费投入是否合理的三大标准为其是否公平、效率及充足。实现义务教育投入总量的充足供给是增加义务教育投入所要实现的目标，确保

---

① 转引自骆勤. 我国教育支出与财政分析和对策选择，2004.（5）：36-40.

② 三个增长即中央和地方政府教育拨款的增长要高于财政经常性收入的增长，生均教育经费要逐步增长，教师工资和公用经费要逐步增长。

义务教育资源使用的效率及公平则是优化义务教育资源投入所要实现的目标。根据委托代理理论，公民与政府之间存在一种委托代理关系：公民是委托人，政府是公民的代理人，故而政府有责任和义务为公民提供包括义务教育在内的各项公共服务。义务教育的经费投入具有"公共财政"的属性，即政府对义务教育的投入应该能够保障整个社会对义务教育的公共需求，义务教育经费的充足供给也应该能够促进义务教育公平的实现。因此，加大义务教育的经费投入是优化义务教育资源配置绩效水平的重要前提。

二、建立新型的义务教育经费拨款体系，实行基于标准的动态调整机制

义务教育经费有一般性经费和竞争性经费之分。其中，一般性经费主要保障学校的基本运行。政府在下拨此类经费时应该根据义务教育教学的基本需求，并考虑不同学科的活动经费支出情况，建立统一的各级各类学校的基本办学标准体系，以此为基础制定生均教育经费的基本标准，并将其作为公共教育经费的分配标准。义务教育学校根据不同学段确定生均教育经费标准，财政下拨的教育基本运行经费全部按照学生人数和生均教育经费标准来计算安排。这种方法可以保证义务教育阶段的学生享有相对较为平等的办学资源。同时，政府还要进一步加大综合定额类一般性拨款力度，逐步提高生均教育事业费、生均公用教育经费的拨款标准，保障义务教育办学的基本条件。另外，政府要根据国家颁布的办学条件标准及实际教育教学需要，结合经济发展和物价上涨的实际状况，设立逐步提高各级义务教育学校生均教育经费拨款标准的动态调整机制。对于竞争性教育经费的拨付主要是以效益和效果为导向，通常以财政专项的形式，通过竞争评审、集中投入的方式来实现。竞争性教育经费的拨付主要是为了实现义务教育的突破性改革及引导性发展。竞争性教育经费的拨付可以体现国家宏观教育政策的导向，例如，可以将竞争性教育经费更多地投向特殊学校、特殊项目，也可以用于鼓励创新发展，形成改革突破及制度创新，以此实现义务教育质量和义务教育经费使用效益的提升。

三、构建义务教育经费拨付的激励机制，实现义务教育资金使用效益的提升

义务教育的绩效拨款是一种以产出为基础的财政拨款模式，更为关注绩效指标对拨款数额的影响。伴随我国经济社会的快速发展，政府的义务教育财政经费投入规模在不断增加，义务教育经费使用效益的高低便随之成为了社会广为关注的焦点问题。为此，需要将义务教育的财政投入和义务教育的绩效考核衔接起来，将义务教育的财政拨款与义务教育学校的实际办学水平、质量和效益联系起来。通过对义务教育财政资金的绩效进行评估，逐步建立义务教育资金使用的绩效评价跟踪问责机制，并推动义务教育财政资金的绩效评估结果的公开，最终实现义务教育经费投入的科学性和公平性，优化义务教育资源的优化配置，提升义务教育资金的使用效益。

四、实施真正免费的义务教育制度

强制和免费是义务教育的两个基本特征。所谓强制，指的是所有适龄儿童和少年的父母或者其他监护人必须要保证其按时入学，并按照要求完成义务教育。所谓免费，指的是对所有接受义务教育的学生免收学费，义务教育的费用全部由政府财政提供。免费是强制的前提，否则部分低收入家庭的子女可能会因为负担不起学费而无法接受和完成义务教育。中国的义务教育目标是每个适龄儿童和少年都能够完全免费地接受和完成义务教育，都不受性别、民族、种族、家庭财产状况、宗教信仰等的限制。1986 年，《中华人民共和国义务教育法》对接受义务教育的学生免收学费做出了规定。但是，受当时财政条件所限，中国的义务教育一直在收取学杂费。随着中国经济水平的提高、财政状况的改善，以及国家对义务教育关注程度的增强，2015 年，《国务院关于进一步完善城乡义务教育经费保障机制的通知》印发，该通知规定从 2017 年春季学期开始，对城乡义务教育学生（含民办学校学生）统一免除学杂费、免费提供教科书。这意味着中国全面实现免费的义务教育，这也是义务教育发展的最终政策目标。

五、充分发挥义务教育专项资金的导向作用，实施义务教育质量提升工程

要充分发挥义务教育专项资金投入对义务教育发展的导向作用，促进义务教育质量的全面提升，重点是完善义务教育阶段贫困学生的资助制度及加大对师资培养的投入力度，推进教育内涵式发展。

（一）完善义务教育阶段贫困学生的资助制度

仅仅实现政策上的完全免费还不能完全保证所有适龄儿童和少年接受并完成义务教育，因为除学费之外，其家庭还需要负担一些其他相关的义务教育费用以及因接受义务教育所产生的额外生活费用。因此，在实行完全免费义务教育政策的基础上，还需要完善义务教育阶段贫困学生的资助制度，如可以由政府对经济困难家庭的、正在接受义务教育的适龄儿童和少年实施资助，主要可以通过提供助学金或者生活补助的方式进行。中国义务教育阶段贫困学生的资助制度尚处在起步和探索阶段，具体的内容和形式还需要继续完善，具体操作过程还需要进一步规范。

（二）加大对师资培养的投入力度，推进教育内涵式发展

1. 需要明确教育内涵式发展和外延式发展的边界

最初对内涵和外延的区分源于哲学上的定义，后来引申为内涵指的是事物内部的、本质的、定性的方面，外延指的是事物外部的、现象的、定量的方面。伴随着经济社会的发展，中国大中城市的教育已经出现了一个鲜明的拐点：教育的发展更多是从外延式发展转移到内涵式发展上来，亦指教育的发展重点更多地注重提高教育内在品质的提升。教育发展重点的转移是一种自然规律，是教育事业发展到一定阶段后必然出现的一种转变，是一种教育生态的平衡效应。我们必须顺应和把握教育发展的规律，促进教育事业沿着科学和谐的路径实现其良性发展。

2. 教师素质的提升是推进教育内涵式发展的最大保障

对于一个学校而言，师资队伍的建设、高水平教师的引进，既是内涵式发

展，又是外延式发展。内涵式发展更注重教师素质的提升和教学水平的提高；外延式发展更多的是指教师数量的增加，教师队伍比例的均衡。如果教师自身应有的作用没有得到发挥，没有实现教育质量的明显提升，那么这仅仅是单纯的外延式发展。因此，只有全面推进教师素质的提升方能保障教育内涵式发展。在义务教育阶段，教育对象的特殊性使得提高教师的工作质量显得更为重要。实现教师素质的全面提升，不仅需要整个社会给予教师应有的尊重，而且，还需要有相应的制度对教师的政治地位、职业地位、社会地位以及教师合法权益的维护进行保障。

六、构建"1+9+1"的义务教育新模式

在巩固九年制义务教育的同时，继续扩展义务教育的范围，一直都是学界关注的一个热点问题，也是地方政府改革所要探索的一个新领域。经过多年的讨论，在已经普及九年制义务教育的地区，进一步延长义务教育的年限已经成为学界的共识。但是，究竟是优先发展幼儿教育，还是优先普及高中教育，抑或是优先发展职业教育，学者的意见并未达成一致。本书认为，应该不断探索并构建起"1+9+1"的义务教育新模式，即"学前一年＋九年义务教育＋初中后一年职业培训"[①]的11年制免费教育模式。

（一）重视幼儿教育，实现"学前一年"免费教育

幼儿教育是整个国民教育体系的重要组成部分之一，是社会发展的奠基性事业。幼儿教育更注重幼儿智力开发、身心健康发展以及各种行为习惯的培养。中国当前幼儿教育的整体发展状况和整个经济社会的发展需要是不相适应的，同时也无法满足社会公众对此的需求，成为中国当前整个教育体系的一个薄弱环节。为此，鉴于幼儿教育自身所具有的社会公益性特征，结合中国当前的经济和社会发展状况，建议政府将学前一年教育纳入义务教育体系，确保幼儿教育健康发展。

---

① 中国发展研究基金会. 中国发展报告 2008/09：构建全民共享的发展型社会福利体系. 北京：中国发展出版社，2009：27.

（二）加强职业教育，将"初中后一年职业培训"纳入义务教育体系

有研究数据表明，在中国初次进入劳动力市场的人群中，初中文化程度及以下的劳动力所占比重高达 47%，由于城乡教育发展的非均衡，在农村地区，该比例更高，将近 60%。[①]造成这种现象的原因在于，长期以来，中国对劳动力的人力资本投入不足。这种不足造成了中国劳动力供求结构严重失衡，主要表现为：一方面，高端劳动力市场中的素质水平和技术水平较高的人才处于供不应求的状态；另一方面，低端劳动力市场中的非技术劳动力却处于供过于求的状态。这种劳动力市场供求结构的失衡状况直接造成了中国劳动力市场中的就业不足以及失业的问题，同时，也进一步拉大了劳动力市场中不同类型劳动力的工资收入差距。基于此，2003 年，劳动保障部、教育部、农业部、科技部、建设部、财政部联合发布了《2003—2010 年全国农民工培训规划》。规定农民工的培训费用由政府、用人单位和农民工共同分担，其中，政府负担的培训经费主要投向引导性培训项目，这在一定程度上使得农民工参与培训的积极性和主动性得以提升。另外建议对初中毕业生在就业前开展为期一年的义务职业教育，不仅能够在一定程度上提高劳动力的人力资本水平，而且将会对劳动力市场的结构平衡起到一定的积极促进作用。

---

① 教育部国家发展改革委关于印发《"十一五"期间中西部地区特殊教育学校建设规划（2008—2010 年）》的通知. http://www.moe.gov.cn/s78/A03/s7050/201410/t20141021_178468.html［2019-09-06］.

第二节 重构义务教育财政体制，提升义务教育资源配置的效率绩效

前文的实证研究结果表明，只有当义务教育阶段不同区域的实际生均教育经费相等的时候，义务教育阶段区域教育资源的配置效率才能达到最高水平。但从中国的现实情况来看，中国当前的义务教育资源配置效率绩效较低，义务教育资源配置效率不管在省际还是在城乡之间都存在帕累托改进空间，义务教育资源配置效率均未达到或者接近帕累托最优，即并未实现不同区域间剔除物价影响之后的义务教育生均教育经费相等或者接近相等。因而，在不断增加义务教育经费投入的同时，如何实现义务教育资源配置效率绩效的提升已成为一个关键问题。所谓提升义务教育资源配置的效率绩效，就是实施改革，使得区域间剔除物价影响之后的义务教育生均教育经费相等或者接近相等。本书认为，优化义务教育资源配置的效率绩效应主要通过义务教育财政制度的变革、地方政府政绩考核体系的优化。通过这些措施最终使得义务教育资源区域间配置状况达到或者接近帕累托最优。具体而言，可从以下几方面入手。

一、调整财政支出结构，构建民生财政

自改革开放以来，中国一直是"以经济建设为中心"的，与此相适应，中国的财政支出结构也更多地以经济建设的投入为主要内容，即"建设财政"。在中国现行的财政支出结构中，政府在民生方面的财政支出逐年递增，我们需要坚持在发展中保障和改善民生。增进民生福祉是发展的根本目的。

近年来，从中央财政支出的安排来看，中央财政用于教育支出方面的比例逐年增加，但与现实需求相比，当前的中央财政教育支出还远远不够，在义务教育阶段尤为如此。近年来，虽然政府义务教育投入持续增加，也取得了一定的成果，但是，中国义务教育的经费保障机制方面仍然面临一些问题，尤其是

在农村义务教育发展过程中，依然存在诸如义务教育各层级政府投入责任不明确、义务教育经费供需矛盾突出、义务教育资源配置不合理等问题。

二、明确各级政府的财政责任，构建新型义务教育管理体制

自 20 世纪 80 年代之后，中国便建立起了"分级办学，地方为主"的教育体制，但是与此同时并没有对各级政府所应承担的教育财政责任做出明确规定，这便产生了许多教育方面的财政问题。实际上，在农村义务教育的发展过程中，更多的是乡镇政府分担了义务教育的财政责任。2001 年，全国基础教育工作会议确立了"以县为主"的义务教育管理体制，明确规定由县级政府承担义务教育的财政责任。

从理论上而言，教育层次越低，教育的公共性越强，教育所能产生的正外部性也就越强，因此，我们一般视义务教育为纯公共物品。义务教育所产生的正外部性的最大受益者是国家，国家理应承担义务教育成本的大部分；而且，义务教育可谓是全国性的公共物品，义务教育的作用远远不是仅限于地方的范围，而是会影响到整个国家的发展。随着区域间劳动力流动性的增强，义务教育的地区外溢性越来越明显。仅仅由县级政府来承担义务教育的成本显然是不合理的。

从对国际经验的考察来看，政府公共投资是义务教育的绝对财政来源。发达国家如此，印度、埃及等发展中国家也是如此。这就充分说明了应该由政府举办义务教育，义务教育的经费也应由政府的公共财政来承担。依照中国当前的财政收入分配格局，中国应该构建"以县为主，多主体推进"的新型义务教育管理体制。与之相对应，需要进一步明确各级政府的财政责任。建立人权、事权以及财权相统一的教师管理体制，义务教育的财政投入由中央、省、市、县多级政府共同承担。其中，中央政府更多的是承担均衡省际财政能力的责任，省级政府负担义务教育的财政支出。

另外，还需要根据各地区实际的经济发展实力和财政能力，对各级政府所应该承担的义务教育的财政责任具体划分：在经济不发达地区的农村，义务教育的财政责任由中央政府全部承担；在经济较为发达的中部地区，义务教育的

财政责任由中央政府和省级政府共同承担；在经济发达的东部地区，义务教育的财政责任可由市级政府承担，也可由省级政府和县级政府共同承担，但是，中央政府需要给予适当补贴。

伴随着工业化和城市化的发展，越来越多的农村人口向城市流动，对于流动人口的义务教育财政责任问题也需要由柜关法律法规做出明确规定。

三、建立并完善义务教育经费的审计制度

义务教育经费来源于纳税人所缴纳的税款，因而，政府有责任对义务教育经费的投入方向、使用及其效果进行严格的监督与管理。鉴于此，政府有必要建立并完善义务教育经费审计制度。义务教育经费审计制度的建立和完善，既可以对义务教育经费的分配和使用进行审计，也可以保障义务教育经费投入充足、分配公平，同时还可以有效防止义务教育经费被贪污、挤占、挪用等现象的发生。审计体系的建立需要实现学校内部审计、国家审计和社会审计相结合，其中以国家审计为主导。对学校内部的审计要做到经常化和制度化。对教育部门和学校的审计结果要逐步向社会公开，能够让社会公众对义务教育经费的投入、分配及其使用实施公共监督，对其中的违法违纪行为要严格追究其经济、行政乃至法律责任。

四、建立并完善义务教育财政转移支付制度

"以县为主，多主体推进"的义务教育管理体制建立之后，中央政府和省级政府所应该承担的教育财政责任进一步加大。中央政府所应该承担的义务教育投入的责任并不是直接实施的，而是应该通过对县级政府实施转移支付来实现。这也是已经在西方国家得以验证的成功做法。对应于"以县为主，多主体推进"的义务教育管理体制，由中央政府通过转移支付的方式来承担义务教育财政负担的最终责任，建立政府间的转移支付制度有利于实现义务教育资源区域配置效率绩效的提升。

根据对西方发达国家成功经验的考察，我们得知，通常义务教育的转移支付制度有三种实现形式：一是通过一般性转移支付来平衡地方政府的财政能

力，以便保障地方政府在义务教育方面的经费投入，譬如德国；二是中央政府直接担负起教师工资的支付责任，教师工资也是在义务教育经费支出中占比最大的一项，譬如法国；三是直接设立义务教育专项转移支付资金，规定该项资金必须专款专用，只能用于义务教育，譬如英国和美国。

通过借鉴国际成功经验，并结合中国的现实，中国可以从以下几个方面建立和完善义务教育财政转移支付制度，以此为抓手实现"老少边穷"地区义务教育的跨越式发展。

（一）调整一般性转移支付结构，提高过渡期转移支付比例，降低税收返还比例

一般性转移支付是对地方政府财政能力进行均衡，继而能够对义务教育水平进行均衡的最佳形式。因此，政府有必要对当前一般性转移支付的结构进行调整，以便充分发挥其自身优势。税收返还是一般性转移支付的一个主要部分，但是税收返还是以地方上交的税收为基础的，并不能起到缩小地区间贫富差距的作用，故而，应该降低税收返还所占的比例。而过渡期转移支付将义务教育经费需求纳入了转移支付额的计算公式，对教育公平的提升能够起到一定的积极作用，需要提高过渡期转移支付比例。

（二）加大专项转移支付的力度，使义务教育经费有稳定的来源

与一般性转移支付相比，义务教育的专项转移支付必须专款专用，即下级政府必须将该部分资金用于义务教育。这样可以有效预防义务教育经费被挪用的现象发生，也便于对义务教育经费实施监督管理。因此，在当前义务教育管理体制尚待完善的情况下，一方面，需要加大转移支付的力度；另一方面，还要扩大专项转移支付的规模，增加人员经费等的固定支出，将当前的一次性投入逐步稳定为一项经常性经费。此外，对配套性补助要重新设计配套比例，使之与各级政府的财力相匹配。

（三）实施义务教育转移支付的监督机制，以防转移支付被挪用

由于基层财政预算管理体制的不健全，转移支付中存在少数专项经费被挪用、截留的现象。因此，需要尽快出台相应的法律法规，以对义务教育专项拨款的分配、使用和管理等活动实施有效的监督管理。

（四）加大对"老少边穷"地区义务教育领域的转移支付力度

在建立和完善义务教育财政转移支付制度的基础上，实现对"老少边穷"地区财政转移支付力度的增强，以保障义务教育资源配置效率在省际和城乡间配置的提升。

1）加大中央财政的专项转移支付，解决"老少边穷"地区义务教育的突出问题。"老少边穷"地区义务教育阶段的学校多数存在办学条件差的情况，诸如学校图书藏量少、实验仪器设备量少、教学基础设施较为缺乏等。通过当前中国"以县为主"的义务教育管理体制难以满足"老少边穷"地区义务教育发展所需的办学条件的要求。鉴于此，政府需要从中央财政入手，不断加大专项转移支付力度，为"老少边穷"地区义务教育发展过程中办学条件的改善提供资金支持和保障。中央财政的专项转移支付重点所要解决的是推进包括图书藏量、实验仪器设备量、教学基础设施等在内的基本办学条件的达标，同时还要重点解决"老少边穷"地区的贫困失学等特殊问题。

2）完善省级以下政府的财政转移支付制度，保障"老少边穷"地区义务教育基本达标。中央财政的专项转移支付是临时性的，或者说是一种短期的政策性的财政支持，可谓是一种"补血"性支持，并不能从根本上、长久性地解决"老少边穷"地区义务教育的发展问题。"老少边穷"地区义务教育的长久发展、办学质量的提高、办学条件的达标、教师足额工资的发放、贫困学生的资助等，不仅需要中央财政转移支付的临时性的"补血"性支持，更需要省级以下政府的财政转移支付的支持，也可以说是一种"造血"性支持。"省级以下政府的财政转移支付主要是以县为单位，对自身义务教育经费的供求实施测算。县级及以上政府都需要编制自身的义务教育领域的经费预算，这样才能确立义务教育经费支出的最低标准，在此基础上还能比较各地区义务教育实际经费支出，依此建立义务教育领域的财政转移支付模型，并对转移支付需求进行估算。通过对义务教育经费供求缺口的估算，方能对义务教育领域转移支付的规模进行确定。"[1]

---

① 李军超，樊慧玲. 实现中国义务教育均衡发展的模式构建——战略部署. 路径选择与机制创新. 教育学术月刊，2011（6）：10-13.

3）科学、合理管理"老少边穷"地区义务教育财政转移支付资金。有了转移支付资金的注入，同时还需要对其进行有效的管理，方能使其发挥最大的效用。义务教育领域转移支付资金的管理模式主要有以下几种选择：一是专款专用模式，即对转移支付资金专门指定使用方向，必须使得资金流向诸如图书的购买、危房的改造、办学基础设施的建设等方面；二是零基预算模式，即转移支付资金来源于多个资助主体，且为了一个共同的项目，随着项目的结束，资金资助随之结束；三是绩效管理模式，即转移支付资金的拨付需要考虑上一个考核周期内资金使用的绩效状况如何，有相关的考核指标以供评定，对资金使用绩效水平不高的情况，下一个考核周期内的资金拨付将会做出一定的资金扣减处理。具体应该采取何种模式对"老少边穷"地区义务教育的转移支付资金进行管理，需要具体情况具体分析，根据转移支付资金的不同使用情况选取不同的管理模式。

五、优化地方政府政绩考核体系，建立健全教育问责制

（一）确立民生导向的政绩观

当前，在对地方政府的绩效考核过程中，存在以下两种倾向。一是片面看重经济增长方面的绩效。在这种政绩观的指导下，地方政府的所有活动都是以GDP为导向展开的，所有活动都是为了推动地方经济迅速发展。长此以往，GDP自然而然地成为一个对地方经济发展水平进行衡量的重要指标，该指标也成为了一个对地方政府政绩考核的重要指标。二是片面看重当前利益。在这种政绩观的指导下，一些地方政府为了实现"短、平、快"的政绩，会更倾向于做"面子工程"，并不会过多地关注本地区经济社会的长远发展。教育发展的绩效不是立竿见影的，教育投资的回报周期较长，致使地方政府官员并不热衷于促进教育这种社会事业的发展。因此，上述两种错误的政绩观都不利于教育均衡发展的实现。为了更好地实现教育的均衡发展，势必需要转变地方政府政绩观，逐步确立以民生为导向的政绩观，以此引导地方政府更多地重视包括医疗卫生、就业、收入分配、教育等在内的民生问题，最终实现从GDP导向的政绩观向民生导向的政绩观的转变。

（二）建立健全科学的地方政府政绩考核体系

伴随着科学发展观的提出，中央对地方政府绩效考核的标准也有了一定的变化，对 GDP 指标的重视程度逐步减弱，逐步兼顾地方经济增长和社会事业的发展。在政绩观转变的前提下，中央需要不断对地方政府的绩效考核体系进行改良，不断优化教育绩效考核指标体系，不断推进教育事业的优先发展。基于此，本书建议主要从以下几个方面入手。

1）在对地方政府政绩考核的过程中，逐步提高教育类指标在政绩考核指标体系中的比重。将教育类指标作为同经济发展、文化建设等指标并列的一级指标。

2）在教育类指标体系的制定过程中，根据现实需要及时调整指标体系，对已经过时的且无法及时反映当前社会发展需求的指标进行剔除，对能够反映现实且符合当前社会发展需要的指标进行添加，尤其是增加符合《国家中长期教育改革和发展规划纲要（2010—2020 年）》要求的教育类指标。

3）在教育类指标的构建过程中，要形成一个科学合理的体系。在地方政府绩效考核的指标体系中，教育类指标所占比重不能过少，其地位不能过轻，其重要性不能过于边缘。教育类指标体系要成为一个科学的亚指标体系，需要能够对推进教育事业的优先发展起一定的导向作用。

（三）逐步完善教育问责制

问责制能够及时地监督和矫正被监管对象的行为，并对其起着良好的导向作用，可谓是一种行之有效的管理手段。在教育事业的发展过程中，教育问责制同样能够不断引导、促进和规范教育事业的发展，不断推进教育发展过程中突出问题的解决。教育问责制的完善需要从以下几个方面入手。

1）对地方政府的教育责任进行明确，依教育责任对其进行教育方面的政绩考核，对地方政府的不良行为追究其法律责任。这就要求在对地方政府所应承担的教育责任进行划分的同时，还需要对地方政府所应该承担的相应的法律责任进行明确。根据需要，地方政府及其党政机关负责人除了追究其行政法律责任外，必要时还要追究其民事责任和刑事责任。

2）教育问责制采取的是由上级政府对下级政府的系统内部问责的方式，即同体问责，具体主要是以教育督导制度中的"督政"形式存在。除了同体问责的方式外，还需要不断完善异体问责方式，在此过程中，需要充分发挥诸如立法、司法等国家机构以及社会公众的作用。唯有如此，才能从外部对地方政府及其官员的行为形成较强的政治压力，对其产生强有力的约束作用。

3）应整合多种教育问责方式对地方政府开展教育问责。既可以选取单一的方式，也可以综合运用多种方式；既可以将教育方面作为地方政府政绩考核的一个部分对其进行问责，也可以单独就教育方面对其进行问责。

第三节　推进制度创新，提升义务教育资源配置的均等化绩效

前文的实证研究结果表明，义务教育资源配置的均等化绩效水平较低，城乡和省际间存在较为明显的义务教育非均衡发展的现状。这与新时代"和谐社会""科学发展"的发展主题是背道而驰的。加之，当前社会公众广为关注的焦点问题已经转移到经济社会平衡与充分发展的实现，以及经济社会差距不断缩小等问题上来。本书认为，义务教育资源配置均等化绩效的提升，需要通过相关的正式制度以及非正式制度的创新，突破影响义务教育均衡发展的障碍，具体可从以下几个方面入手。

一、加强义务教育标准化学校建设，均衡配置义务教育资源

义务教育均衡发展实现的突破口和落脚点就是义务教育标准化学校建设的推进。实现义务教育均衡发展就是要保证受教育者在入学机会、受教育条件和受教育结果等方面的均等。只有建设标准化学校，实现了办学条件的相对均衡，才能够建立起义务教育领域相对公平的竞争环境。本书认为，义务教育资源配置均衡的实现、义务教育标准化学校的建设可以从以下几个方面着手。

（一）构建义务教育阶段学校的合理布局

长期以来，义务教育阶段的学校存在着布局分散不易管理、低水平的重复建设等问题，农村的中小学尤为如此。同时，由于生源的减少，义务教育阶段学校还存在着严重浪费教育资源的现象。鉴于此，2001 年，《国务院关于基础教育改革与发展的决定》明确规定："按照小学就近入学、初中相对集中、优化教育资源配置的原则，合理规划和调整学校布局。"构建义务教育阶段学校的合理布局的核心工作便是制定合理布局的标准体系，制定该体系需要对学校的数

量、规模和选址等多项指标进行反复考量。学校的数量标准、规模标准以及选址标准设定的时候，需要综合考虑区域内的人口状况、经济发展水平、地理环境、交通条件和原来学校的基础条件等多项因素。义务教育均衡发展的实现，需要推进义务教育阶段学校的合理布局，并以此为抓手缩小区域义务教育发展的差距。通过对义务教育阶段学校布局结构的合理调整，可以实现义务教育资源的合理配置和优化重组，并能够进一步扩充优质的义务教育资源，并将此作为提升义务教育质量和水平的重要手段。另外，通过义务教育阶段学校布局结构的合理调整，还可以实现教师队伍的优化组合，进而将其作为一种提高资金、设备、校舍的使用效率以及实现规模效益的重要方法。

（二）实现薄弱学校办学条件的基本达标

实现薄弱学校办学条件的基本达标，既是义务教育阶段标准化学校建设的重点和难点，同时也是缩小校际办学条件差距，进而推进区域义务教育均衡发展的关键之处。薄弱学校办学条件的改进可谓是一项世界性课题，"对薄弱学校办学条件的改造，发达国家的做法是依照相关的法律法规和政策条例，推行重构、接管和社会共建的模式，通过有效的改造计划和程序的制定，并通过提供专项资金和相应的技术支持等措施，以提升整体师资水平为重点，以形成鲜明的办学特色为突破口"[①]。发达国家的经验对中国当前义务教育阶段薄弱学校办学条件的建设和改造有着极强的借鉴意义。通过借鉴发达国家的有益经验，并结合中国的现实，可以从以下两个方面入手实现薄弱学校办学条件的基本达标。一方面，实现薄弱学校师资力量的基本达标。为了实现师资水平的自我提升，降低教师的流失率，薄弱学校可以对新进教师开展入职培训，并对在职教师进行进修培训；为了有效缓解师资结构的失衡问题，薄弱学校可以加强对英语、计算机、音乐、体育和美术等学科的专任教师的培养；为了解除教师的后顾之忧，薄弱学校可以适当提高教师待遇，以便最终推进区域内教师结构工资的标准化。另一方面，推进薄弱学校基本教学设施的达标。为了缩小义务教育的校际差距，最终实现义务教育的均衡发展，薄弱学校的基本教学设施，如行政办公用房、教学及辅助用房、电教设备、教学仪器、图书资料以及音乐、体

---

① 李均，郭凌. 发达国家改造薄弱学校的主要经验. 外国中小学教育，2006（11）：8-11，29.

育设施等需要达到相应办学条件的标准。

（三）建设标准化农村寄宿制学校

鉴于目前中国农村地区生源分散且稀疏的现状所引发的教育问题，同时兼顾农村留守儿童教育问题的解决，当地政府可以考虑在农村地区建设寄宿制学校，通过寄宿的方式将学生集中起来。建设标准化农村寄宿制学校，需要对寄宿制学校的各项标准进行明确，包括学校合理布局标准、投入标准、建设标准以及管理标准等，建设标准化农村寄宿制学校还需要对办学行为进行规范，对教学条件进行改善，对师资队伍进行加强，进而推进农村地区义务教育质量和水平的提升，最终推进区域义务教育的均衡发展。在农村标准化寄宿制学校的建设过程中，需要根据不同的实际情况，采取不同的推进策略和不同的建设模式，具体的建设模式有以下四种。其一，集中办学模式。在规模适中、距离县城较近、经济发展水平较高的乡镇，可以在一个乡镇集中开办一所寄宿制学校，这样可以实现中学和小学一体化和教育资源的共享。其二，关合办学模式。在规模较大，距离村、屯较近，人口密度较大的乡镇，可以基于地缘关系，几个村联合举办一所寄宿制学校，这样可以实现分层办学的方式，一、二、三年级可以在原村办学；四、五、六年级可以联合办学，实行寄宿制集中办学。其三，两乡合办模式。在距离两乡镇较近且生源存在重叠现象的地区，可以突破乡镇界线，两乡镇可以合办一所寄宿制学校，这样可以实现相邻乡镇的资源共享，实现资源的优势互补、互利互惠。①其四，改（扩）建模式。在原有的一所学校的基础上，对该学校进行寄宿制方面的改建和扩建。改建和扩建的重点在学校食堂、宿舍等生活设施方面，以便增加学校对学生的容纳能力。

二、打破城乡教育二元结构，推进和实现城乡义务教育一体化

党的十九大报告进一步提出"推动城乡义务教育一体化发展……努力让每

---

① 卢国勋. 寄宿制学校——新农村建设的奠基工程. 人民教育，2006（12）：11-12.

个孩子都能享有公平而有质量的教育"①。所谓城乡义务教育一体化指的就是将城市义务教育和农村义务教育视为一个整体，打破城乡教育二元结构的限制，通过推进城市和农村的双向演进，统一思维，统一谋划，实现城乡义务教育的相互融合、相互促进，最终实现城乡义务教育的优势互补和整体提升。本书建议城乡义务教育一体化的推进可以从以下几个方面入手。

（一）确立城乡义务教育一体化的发展目标

中国义务教育领域出现城乡分化的局面，其主要原因是中国长期以来存在的城乡教育二元结构。义务教育的城乡分化不仅表现在办学条件方面的差距，也表现在城乡义务教育发展目标定位方面的不同。在城乡统筹发展的大背景下，农村义务教育发展过程中的目标定位开始在城市和农村两极之间摇摆，在价值选择上出现了"离农"与"为农"的悖论。②"离农"与"为农"悖论的出现主要源于两个方面的原因：一是由于相互对立的城乡二元社会结构；二是由于非此即彼的城乡二元对立思维模式。如果消除这种悖论，则需要实现城乡一体化建设，确立系统化的思维模式。在价值选择上走出"离农"与"为农"的悖论之后，发展农村义务教育的价值选择应该定位在服务于城乡的共同发展，其目的应该是培养"合格公民"，而不是培养"新型农民"。本书认为，城乡义务教育一体化的发展体系应该定位在为城市与农村的共同发展服务，应该使城市和农村弱势群体的受教育权利得到保障，应该使全体国民及其子女受教育的权利得到保障。亦即，不应该将城乡义务教育的整体性割裂开来，不应该分割地将教育发展目标设定为"为城市服务""为农村服务"，而是应该将"尊重基本人权，促进城乡发展"作为城乡义务教育一体化体系的发展目标。

（二）构建城乡义务教育一体化的管理制度

城乡义务教育一体化发展目标的实现，需要一定的制度保障，首先需要清除城乡分治的制度障碍，对义务教育管理体制进行改革。当前义务教育管理体

---

① 习近平：决胜全面建成小康社会 夺取新时代中国特色社会主义伟大胜利——在中国共产党第十九次全国代表大会上的报告. http://www.gov.cn/zhuanti/2017-10/27/content_5234876.htm［2019-09-06］.

② 邬志辉，马青. 中国农村教育现代化的价值取向与道路选择. 中国地质大学学报（社会科学版），2008（6）：58-62.

制的改革重点在于政府职能的转变，政府职能应该定位于规划义务教育发展体系、保障义务教育条件达标、提供义务教育服务、维护义务教育公平、制定义务教育标准、监督义务教育质量。本书认为，义务教育管理体制的变革需要从以下几个方面着手。

1）对不同层级政府的职责进行明确划分。需要根据不同地区的具体情况，对不同层级政府的职责进行明确划分，充分调动省级政府和乡镇政府以及市级政府的积极性，以减轻县级政府的玉力，尽量实现各级政府事权和财权的相互匹配。

2）对不同区域（流入地和流出地）政府的职责进行明确划分。不同区域政府职责的划分更多的是考虑到了进城务工人员子女义务教育问题的解决。

鉴于此，本书认为，城乡义务教育一体化的实现，一方面，需要破解现行的户籍制度，以及与此相连的城乡义务教育分化制度，建立起统一的城乡户籍制度。以此为基础，建立起以"纳税人"身份为基础的义务教育管理体制。建议在每年规定的时间内，进城务工人员提交上一年度上缴的税表，以及房屋居住证明，其子女便可依此申请下一年度的免费义务教育。相应地，流入地政府也可以依此规划本地的义务教育发展。另一方面，对民办简易学校和外来务工人员子弟学校的管理和支持力度应该进一步加大，以实现该类学校办学条件和教育质量的提升。这便需要各层级政府都要承担起更多的责任，将该类学校的发展纳入城乡义务教育一体化的发展规划中去，对其实施统筹管理。在该类学校的发展过程中，流入地政府制定具体的、符合实际的发展标准和规范，并在包括办学场地、办学经费、师资培训等硬件和软件方面都给予大力的支持。

（三）构建城乡一体化的义务教育经费投入制度

构建城乡一体化的义务教育经费投入制度需要着重解决两个问题：一是城乡义务教育经费投入的静态差异，即着手缩小当前过大的城乡义务教育经费投入差距；二是城乡义务教育经费投入的动态平衡，即着手保障流动人口义务教育经费的投入。其中，对城乡义务教育经费投入静态差异问题的解决，主要通过建立新型的义务教育经费管理制度来实现，这一点在前文中已有详细论述，该部分重点分析城乡义务教育经费投入动态平衡的实现。

中国当前实施的是"各级政府分担、经费省级统筹、管理以县为主"的义务教育管理体制。虽然该体制对中央政府和省级政府的经费保障责任都进行了明确划分，但是对于省级以下各层级政府的经费保障责任并没有进行充分明确。这种情况就可能导致县级政府"等、靠、要"思想的滋生，不利于调动其供给义务教育经费的主动性和积极性。与此同时，由多级政府共同承担每一项经费支出，这就加大了农村义务教育经费管理的供给机制的复杂性。义务教育经费供给和需求之间的矛盾突出，则无法实现义务教育资源的有效配置。鉴于此，城乡义务教育一体化经费投入制度的建设就需要对各层级政府在义务教育经费投入中的责任进行明确划分，对义务教育的经费管理机制进行不断完善。当前，中国实施的"以县为主"的义务教育财政投入体制，使得经济发展的区域差距延伸到了义务教育领域，继而引致了区域间义务教育经费投入的非均衡。为此，本书认为，城乡义务教育经费管理机制的完善就需要对当前"以县为主"的义务教育管理体制进行改革。据前文所述，中国需要构建"以县为主，多主体推进"的义务教育管理体制。与之相对应，本书建议可以通过实施"以县为主，多主体推进"的改进策略对城乡义务教育的经费需求进行保障。义务教育经费在由中央和地方共同承担、以县级政府管理为主的框架下，中央和省级政府逐步实现一般性转移支付保底，专项转移支付资金主要用于对义务教育学校的危房改造、贫困失学等特殊问题的解决。义务教育经费投入的最低标准是对"基本需求"进行保障，县级政府的扶持需要遵照"上不封顶，下要保底"的原则。其中，贫困地区的县（区）可以通过本级政府和上级政府的财政能力实现"基本需求"的供给；富裕地区的县（区）可以通过自身的财政能力来实现"基本需求"以上的教育服务的供给。

当前，中国对解决进城务工人员子女接受义务教育问题的主要途径是通过实施"两为主"的政策，"两为主"政策的实施要求流入地政府需要根据实际在校人数划拨学校公用经费；城市公办学校对进城务工人员子女接受义务教育不得额外加收诸如借读费、赞助费抑或其他的任何额外费用，学校需要在收费、管理等方面将进城务工人员子女与当地学生"同等对待"。在当前体制下，从流入地政府的角度来看，存在事权和财权不相匹配的问题，进而导致流入地政府并没有为流动人口的子女提供义务教育的动力和积极性。因此，"两为主"政策很难得以真正地贯彻实施。况且，流动人口的义务教育存在极强的外部性，仅靠流入地政府解决流动人口义务教育经费投入的问题有些困难。鉴于此，本书认为，可以构建由中央政府、输入地政府和输出地政府共同分担的机制，明确规定这三类政府在解决流动人口子女义务教育问题中的财政责任，将流动人口子女接受义务教育的经费保障纳入法制化和规范化的轨道。

（四）构建城乡一体化的义务教育人事制度

构建城乡一体化的义务教育人事制度和构建城乡一体化的义务教育经费投入制度一样，都是为了实现以下两个目标：一是打破当前城乡义务教育发展的静态不均衡；二是保持城乡义务教育发展的动态均衡。本书认为，实现这两个目标可以从以下几个方面着手进行。

1）对城乡义务教育教师职称晋升进行差别对待，以消除当前城乡义务教育师资力量的差距。当地教育部门可以做出类似规定，如城镇中小学教师若要晋升职称，必须要在农村中小学或者薄弱学校执教一年以上；另外，还可以将中高级教师职称的岗位指标适当向农村中小学倾斜，以使农村中小学教师晋升职称更为便利。

2）对城乡义务教育教师编制制定统一标准，以实现城乡义务教育师资水平的动态平衡。可以根据农村中小学的具体情况，以及考虑课程改革的需要，对城乡中小学教师的编制标准进行合理核定，以实现城乡义务教育教师编制标准的统一。与此同时，可以实现编制总额内向农村中小学教师的倾斜。

3）对县域内义务教育教师实现统一的管理制度，以使当前的"教师校管"的管理方式得以改变。县级教育行政部门实行义务教育教师的统一招聘、统一配置、统一管理，将义务教育教师曰"单位人"变为"系统人"。这样，可以实现对教师资源在一定区域内的统筹管理和安排，也可以从制度上为教师在学校之间和城乡之间的定期流动提供一定的保障。

三、健全城乡教师、校长交流制度，缩小城乡义务教育差距

百年大计，教育先行；教育大计，教师为本。教育的关键在于教师，当前中国城乡义务教育的不均衡发展也主要表现为教师队伍的不均衡。因此，城乡义务教育差距的缩小、城乡义务教育均衡发展的实现，关键是实现城乡

义务教育师资队伍的均衡，其中，城乡教师、校长的交流制度便是一项有效措施。

（一）构建合理的城乡教师、校长的交流模式，为交流制度提供实施平台

城乡教师、校长交流制度的实施需要一定的平台，这就需要建立合理的城乡交流模式，具体可供选择的模式主要有以下几种。

1. 划分"学区"式交流模式

该模式依托的是现有的优质学校，依据就近原则，对薄弱学校和优质学校组成的"学区"进行界定。教师可以实现在学区范围内的流动，即教师不像之前仅仅固定于某一所学校，而是可以在学区内"走教"。以学区为单位，对教师进行统一安排，组织统一备课，统一教学，开展统一的教学质量监测和评估，组织统一的培训。学区内学校的实验室、体育馆和图书馆等各种硬件设施都可以实现学区内所有学生的共享。

2. 对口"捆绑"式交流模式

该模式实施的主要方式是将城市的优质学校和农村的薄弱学校"捆绑"在一起，建立起两者的合作关系。可以通过教学科研网络的建立、专题讲座的定期开展、小组讨论的实施，以及专题调研和校长论坛等形式实现被"捆绑"学校的教育交流。教育交流活动的实施可以使得农村薄弱学校的教师、校长学习到优质学校相对先进的教育理念，继而实现自身教育教学和管理技能的提升。也可以通过互派方式实现被"捆绑"学校之间的合作和交流。具体来说，城市优质学校可定期选派骨干教师到对口的薄弱学校任教，与此同时，农村薄弱学校可以选派教师到对口的优质学校进行听课、教学观摩以及参加一些教学科研活动等。被"捆绑"学校的校长、副校长等教学管理人员也可以实行交叉任职，促进相互交流和学习。

3. "教育集团"式交流模式

该模式依托的是优质学校和名校，通过优质学校和名校输出师资、品牌、办学理念、管理方式等，将优质学校、名校和农村学校、薄弱学校、民办学校

以及新建学校等组成教育集团。教育集团内部的学校之间可以实现教师、校长的自由流动，以便能够实现教育集团内部优质教师资源的共享，实现教育资源的优化配置，最终通过优质学校和名校来带动其他学校的共同发展，推进教育集团整体办学水平和教育质量的迅速提升，以使适龄儿童、少年能够更平等地享受优质义务教育，消除义务教育资源配置的失衡问题。

（二）建立城乡义务教育教师交流监督机制

首先，需要建立规范的交流程序，并明确交流对象的条件、定期交流的义务、交流的期限、参与交流人员的待遇等具体内容。这样既能够将城乡义务教育教师的交流作为一种制度化行为，也能够提供一定的依据以实现对城乡义务教育教师交流的监督。其次，需要加强对城乡义务教育教师交流过程的监督。监督的目的是防止交流过程的形式化，促使教师间的交流可以实现预期目标。交流期间可以根据设定的交流目标确立交流标准，并对交流过程中出现的行为偏差进行分析，及时采取相关措施，以便保障城乡义务教育教师交流的顺利进行。

（三）推动实行义务教育学校校长的定期轮换制

定期轮换制指的是义务教育学校校长在某所学校的任职有固定任期，任期满后则要轮换到其他学校。从某种意义上说，"一位好校长就是一所好学校"。义务教育学校校长定期轮换制的实行，可以督促参与定期轮换的城市学校校长轮换到办学水平相对较低的农村学校，这样可以将较为先进和成功的管理理念和管理方法引入农村学校。参与定期轮换的城市学校校长可以根据农村学校的发展需求，并结合自身需求，协助其完成对自身管理制度和教育教学体系的逐步健全和完善。以此为依托，参与定期轮换的学校校长可以直接参与到农村学校发展规划的制定中，直接参与到农村学校的行政管理工作及其教学科研管理工作中，并对农村学校的各项工作进行亲自督查，以便更有效地推进农村学校管理体制的改革，实现农村学校管理水平和办学质量的迅速提升。

（四）完善城乡教师的双向流动机制，促进城乡师资的均衡发展

1. 构建城乡义务教育教师同工同酬的物质保障机制

城乡教师薪酬方面存在的明显差距是城乡教师实现双向流动的一个重要障

碍，简单而言就是同工不同酬。鉴于此，建议在城乡义务教育学校教师间制定统一的薪酬标准，以使同一区域内的义务教育学校教师享受大体相当的工资水平，这样也可以从物质上为城乡义务教育教师的流动提供保障。

与此同时，还可以设立农村义务教育学校教师的特殊津贴制度。综合考虑农村学校的地理位置、交通条件、生活条件、医疗卫生条件等因素，中央政府和省级政府需要划拨一定比例的教育财政资金作为转移支付资金，根据具体情况划分为不同类别，针对不同类别为农村义务教育学校教师发放一定的特殊津贴，特殊津贴需要占到教师工资总额的一定比例。教师一旦从农村学校流出，将无法继续享受该笔特殊津贴。特殊津贴制度的设立能够从物质上为优秀师资向农村学校流动提供激励，从而实现农村中小学优秀教育人才"引得来、留得住"。

2. 进一步推进阻碍教师合理流动的社会制度的变革

城乡义务教育学校教师的合理流动，需要与之配套的社会制度的调整。鉴于此，可以通过一定措施构建城乡一体化的义务教育学校教师的社会保障制度，具体可以从以下几个方面着手。

1）充分利用国家补助，实现城乡教师公费医疗的社会统筹，将城乡教师的公费医疗纳入社会保障的范畴，逐渐实现向社会性医疗保险体系的过渡，让农村学校教师也能够享受医疗保险福利。

2）针对义务教育学校教师人事制度变革中的"单位人"变为"系统人"的目的，政府应该实现相应的教师养老保险和失业保险的建立和完善。通过这种手段，可以将城乡义务教育学校教师的流动风险降低，免除城乡教师流动的后顾之忧。

3）为了让城乡义务教育学校教师享受同等的住房补贴和公积金，政府需要对农村教师的住房公积金制度进行健全和完善，扩大发放公积金的范围，逐渐实现农村教师职工建房筹资渠道的拓宽。与此同时，政府还可以建设一定数量的教师宿舍，用作农村教师的住校周转房。对该类房屋，农村教师仅拥有使用权，并不拥有产权，学校依旧掌握其产权，教师一旦调动工作随即就要搬离宿舍。另外，政府还应该在农村学校教师子女的升学及其就业等方面提供一定的政策支持，从而提高城市教师向农村流动的动力和积极性。

3. 加强相关推动城乡教师双向流动的非正式制度建设

新制度经济学认为，相对于正式制度而言，非正式制度对人们行为的影响更为深远。非正式制度在促进城乡教师的双向流动方面的作用同样是巨大的，因此，本书认为，相关非正式制度的建设可从以下几个方面着手进行。

1）建立有效的道德规范，端正城乡教师的流动动机。首先，需要对教师加强道德方面的宣传和教育，从而让教师能够对自身作为一名教育工作者所承担的义务有充分的认识，继而让教师本人能够自觉主动地参与城乡教师的流动。其次，需要创建良好的社会文化信用环境。为此，可以对流动性较强的教师建立全国统一的教师个人信用档案。最后，将教师自身的信用和教师自身的业务考核、评优评先、职称晋升以及福利待遇相挂钩，最终形成有效的且具有行政效力的教师奖惩机制。

2）通过渐进式制度变迁实现教师双向流动的非正式制度变革。城乡教师流动制度的建设过程不应该盲目冒进，也不能急于求成，否则会给城乡教师带来较大的心理冲击。鉴于此，在城乡教师双向流动的相关非正式制度的建设过程中，政府应该对制度变革将会给教师带来的心理冲击以及流动教师的心理承受能力有充分的考虑。

3）引导社会公众对城乡教师合理双向流动的非正式制度的价值和意义进行正确认识。政府应该借助多种宣传媒介和渠道对城乡教师双向流动的非正式制度进行及时的宣传，让社会公众对该制度及其指导理念有一个正确的认识。与此同时，通过多种渠道的传播，让社会各界对城乡教师双向流动的意义也能够充分理解，最终让社会公众认识到城乡教师的合理双向流动能够不断缩小城乡学校之间师资方面的差距，能够推进城乡义务教育的均衡发展，从而也有利于义务教育公平的实现。

四、树立平等的教育观，消弭教育等级化

政治、经济、文化、教育等子系统构成了社会这样一个大系统，系统内每

个子系统之间相互作用、相互协调，从而能够形成一个完整的大系统，发挥其整体功能。作为整个社会大系统中的一个子系统，教育和其他子系统之间存在着紧密的联系，同时也受到其他各个子系统多重因素的影响和制约。和正式制度一样，以文化价值观念为核心的非正式制度对中国城乡义务教育的均衡发展有着深刻的影响。如果要从观念上解决城乡义务教育的非均衡发展，关键就是树立平等的教育观，消弭教育等级化。

在实现义务教育公平的过程中，非正式制度发挥着重要作用。因此，我们需要加大推进义务教育公平的非正式制度的建设，让教育公平的价值观深入人心，在全社会范围内形成用舆论约束公平的良好风尚和氛围；我们还需要在全社会范围内进一步提升社会成员民主意识、平等意识、发展意识、责任意识和主体意识，形成平等的价值观、公共伦理以及公益理念。

应进一步加强以公平、正义为核心的社会主义价值观、伦理观的教育。我们应该在全社会范围内通过营造以公平、公正为价值取向的社会氛围来实现对社会成员公平意识的强化。对私利和公利进行区别对待，实现对教师职业道德建设的加强。义务教育学校的教师需要公平公正地认真对待每一名学生，使得学生能够在平等的起跑线上获取自身的发展。因此，与教育公平相关的非正式制度的建设，需要以全社会成员的公平伦理意识的增强以及教师职业道德素质结构的改善为核心内容，将这些活动内化为教师乃至全社会成员的自觉行为，在全社会范围内形成尊重公平、崇尚公正的社会风气。

五、逐步建立义务教育均衡发展监测系数，为义务教育均衡发展提供预警

科学的教育政策的制定与实施需要以科学的定量研究为基础。实现义务教育的均衡发展是中国制定和实施义务教育政策的目标指向。然而，怎样才能实现义务教育均衡发展，义务教育的失衡状态和均衡状态的差距应该控制在何种范围，这是制定义务教育均衡发展政策所必须要解决的问题，解决这个问题也有助于科学的义务教育政策的制定和实施。需要将可行的定量研究方面的研究成果作为义务教育均衡发展政策制定的支撑和基础，以免所制定的教育政策过

于抽象。

为此，义务教育发展的均衡系数的理念应运而生。"所谓义务教育发展的均衡系数指的是通过筛选一些重要且敏感的义务教育指标构建一套指标体系，并通过构建数理模型，估算出衡量义务教育发展水平的基准值，现实中具体的义务教育发展状况通过和基准值的比较便可得出其发展的偏离程度。通过这种测算便可对现实的义务教育发展状况进行适时分析，并及时发现问题，对义务教育政策的制定起到一定预警作用。为了更好地将义务教育发展水平控制在一个合理的范围，政府还会通过法律或者行政手段对义务教育均衡系数的下限进行规定。"①当前，国内外尚未建立起完善的义务教育均衡发展的监测体系。袁振国教授结合中国的实际，并借鉴经济学中诸如恩格尔系数、基尼系数、国际债务预警线等，认为生均教育经费、师资力量、教育物质资源、学生辍学率等指标对义务教育发展的均衡水平的衡量有着较大的意义。②

在经济发展过程中，为了对经济活动进行有效的控制和调整，以免出现经济增长速度过慢，或者经济停滞，甚至是经济倒退的现象，政府需要制定适当的和适时的经济政策，以保证经济活动要素的合理配置，最终保障经济活动的正常运作。经济学领域的恩格尔系数、基尼系数等指标能够对经济活动的运行状况进行及时的评测，从而为经济政策的调整起着一定的支撑作用。运用一定的指标评测经济运行状况的做法对教育科学领域的相关研究有着较好的借鉴作用。

教育活动和经济活动的运转有着较大的区别。教育事业对经济社会发展的影响是缓慢释放的，也就是说，教育领域的问题不至于出现诸如经济停滞或经济倒退那样的严重后果，教育事业的影响是更为持久和深远的。正因为如此，对义务教育事业发展的监测无法制定类似于恩格尔系数、基尼系数等指标，原因在于：一是多种因素都会对义务教育活动和人的成长产生影响，这也就使得影响义务教育结果的因素多样化，最终无法确定诸多因素之间的相互关系；二是即便构建起一个义务教育发展均衡监测系数，究竟监测系数的常数取值范围

---

① 袁振国.建立教育发展均衡系数切实推进教育均衡发展.人民教育，2003（6）：11-13.

② 袁振国.建立教育发展均衡系数切实推进教育均衡发展.人民教育，2003（6）：11-13.

是什么，需要经过对长期的义务教育发展的大范围的数据进行观察和对比方能获取。经济学领域中的基尼系数的常数取值范围也是经过对长期的经济发展的大范围的数据进行观察和对比所取得的。故而，在义务教育领域同样如此，想要快速地获取义务教育均衡发展监测系数的常数范围，极不现实。然而，通过借鉴经济学领域相关系数的理念，在义务教育事业发展过程中提出义务教育发展均衡监测系数①的思想是科学可行的。

---

① 王善迈，袁连生. 建立规范的义务教育财政转移支付制度. 教育研究，2002（6）：3-8.

参 考 文 献

阿马蒂亚·森. 2000. 伦理学与经济学. 王宇，王文玉译. 北京：商务印书馆.

安东尼·唐斯. 2006. 官僚制内幕. 郭小聪等译. 北京：中国人民大学出版社.

安晓敏. 2010. 欧洲教育公平指标及对我国的启示. 外国中小学教育，（6）：11-14.

安晓敏. 2012. 义务教育公平指标体系研究——基于县域内义务教育校际差距的实证分析. 北京：教育科学出版社.

安晓敏，邬志辉. 2007. 教育公平研究——多学科的观点. 上海教育科研，（10）：22-25.

鲍传友. 2005. 中国城乡义务教育差距的政策审视. 北京师范大学学报（社会科学版），（3）：16-24.

鲍传友. 2007. 转型时期中国义务教育公平的内涵与政策取向. 教育科学，（5）：1-4.

边维慧，李自兴. 2008. 财政分权：理论与国外实践. 国外社会科学，（3）：26-32.

财政部教科文司，教育部财务司，上海财经大学公共政策研究中心课题组. 2005. 中国农村义务教育转移支付制度研究. 上海：上海财经大学出版社.

曹胜. 2009. 新制度主义视野中的制度与行为关系——一种比较的观点. 黄河科技大学学报，（4）：67-69，77.

曹胜. 2009. 制度与行为关系：理论差异与交流整合——新制度主义诸流派的比较研究. 中共天津市委党校学报，（4）：57-61.

查尔斯·J. 福克斯，休·T. 米勒. 2002. 后现代公共行政——话语指向. 楚艳红，曹沁颖，吴巧林译. 北京：中国人民大学出版社.

陈纯槿，郅庭瑾. 2017. 教育财政投入能否有效低教育结果不平等——基于中国教育追踪调查数据的分析. 教育研究，（7）：68-78.

陈谦. 2010. 地方政府部门利益化问题成因与治理. 求索，（2）：63-64，226.

陈晓华，周显伟. 2017. 国家级新区基于人口发展的教育资源配置研究. 上海经济，（5）：20-32.

成刚. 2011. 中国教育财政公平与效率的经验研究. 北京：知识产权出版社.

褚宏启. 2006. 关于教育公平的几个基本理论问题. 中国教育学刊，（12）：1-4.

褚宏启，高莉. 2010. 义务教育均衡发展评估指标与标准的制订. 教育发展研究，（6）：25-29.

戴罗仙. 2005. 义务教育投入——中央与地方财力比较研究. 长沙理工大学学报（社会科学版），（2）：63-65，69.

戴维·奥斯本，特德·盖布勒. 2006. 改革政府——企业家精神如何改革着公共部门. 周敦仁等译. 上海：上海译文出版社.

杜东东. 2007. 义务教育均衡发展问题研究. 江西教育科研，（9）：16-19.

杜育红. 2000. 教育发展不平衡研究. 北京：北京师范大学出版社.

杜育红，孙志军等. 2009. 中国义务教育财政研究. 北京：北京师范大学出版社.

凡勃伦. 1964. 有闲阶级论. 蔡受百译. 北京：商务印书馆.

凡勇昆，邬志辉. 2014. 我国城乡义务教育资源均衡发展研究报告——基于东、中、西部 8 省 17 个区（市、县）的实地调查分析. 教育研究，（11）：32-44.

樊继达. 2009. 公共经济视角下的城乡义务教育：差距及收敛. 中央财经大学学报，（9）：1-6.

范柏乃，蓝志勇. 2008. 公共管理研究与定量分析方法. 北京：科学出版社.

范先佐. 2006. 构建"以省为主"的农村义务教育财政体制. 华中师范大学学报（人文社会科学版），（2）：113-118.

范先佐. 2008. 教育经济学. 北京：中国人民大学出版社.

范先佐，付卫东. 2009. 农村义务教育新机制——成效、问题及对策. 华中师范大学学报（人文社会科学版），（4）：110-120.

冯兴元. 2010. 地方政府竞争：理论范式、分析框架与实证研究. 南京：译林出版社.

付尧. 2011. 我国城镇地区间义务教育资源投入差异研究——以调整价格的人员经费支出为例. 北京师范大学学报（社会科学版），（3）：125-133.

傅禄建，汤林春等. 2012. 义务教育均衡发展程度测评：综合教育基尼系数方法.上海：华东师范大学出版社.

傅勇.2008.中国的分权为何不同：一个考虑政治激励与财政激励的分析框架.世界经济，（11）：16-25.

傅勇.2010.中国式分权与地方政府行为——探寻转变发展模式的制度性框架.上海：复旦大学出版社.

傅勇，张宴.2007.中国式分权与财政支出结构偏向——为增长而竞争的代价.管理世界，（3）：4-12，22.

高丽.2009.教育公平与教育资源配置.北京：中国社会科学出版社.

高蔺莎.2008.论教育对个体向上社会流动的作用.继续教育研究，（10）：162-163.

高如峰.2003.农村义务教育财政体制比较：美国模式与日本模式.教育研究，（5）：64-70.

高如峰.2004.重构中国农村义务教育财政体制的政策建议.教育研究，（7）：18-25.

高燕妮.2009.试论中央与地方政府间的委托—代理关系.改革与战略，（1）：29-30，66.

龚锋，雷欣.2010.中国式财政分权的数量测度.统计研究，（10）：47-55.

郭彩琴.2004.教育公平论——西方教育公平理论的哲学考察.徐州：中国矿业大学出版社.

郭雅娴.2012.中国教育资源配置效率研究.北京：人民出版社.

国家教育委员会财务司.1992.中国教育经费统计资料（1990）.天津：天津科学技术出版社.

国家统计局.1985.中国统计年鉴（1985）.北京：中国统计出版社.

国家统计局.1990.中国统计年鉴（1990）.北京：中国统计出版社.

韩英.2011.强化学校绩效评价 促进义务教育均等化.山西财经大学学报，（2）：213.

何俊志.2004.新制度主义政治学的流派划分与分析走向.国外社会科学，（2）：8-15.

何显明.2007.市场化进程中的地方政府角色：一个文献综述.中共杭州市委党校学报，（5）：53-59.

贺武华. 2009. 浙江基础教育公平问题研究. 杭州：浙江大学出版社.

胡鞍钢，熊义志. 2003. 大国兴衰与人力资本变迁. 教育研究，（4）：11-16.

胡位均. 2005. 均衡发展的政治逻辑. 重庆：重庆出版社.

胡耀宗. 2009. 基本公共服务均等化视阈下的义务教育政策选择. 清华大学教育研究，（6）：66-72.

华桦. 2010. 教育公平新解——社会转型时期的教育公平理论和实践探究. 上海：上海社会科学院出版社.

江依妮，曾明. 2010. 中国政府委托代理关系中的代理人危机. 江西社会科学，（4）：204-208.

姜雅婷，柴国荣. 2017. 目标考核、官员晋升激励与安全生产治理效果——基于中国省级面板数据的实证检验. 公共管理学报，（3）：44-59，73.

教育部基础教育一司，中国教育科学研究院，国家教育咨询委员会义务教育均衡发展工作组. 2012. 2010—2012 义务教育均衡发展·高端视点. 北京：教育科学出版社.

杰弗里·M. 伍德里奇. 2010. 计量经济学导论（第 4 版）. 费建平译校. 北京：中国人民大学出版社.

杰克·奈特. 2009. 制度与社会冲突. 周伟林译. 上海：上海人民出版社.

靳希斌. 2009. 教育经济学（第 4 版）. 北京：人民教育出版社.

康保锐. 2009. 市场与国家之间的发展政策：公民社会组织的可能性与界限. 随学礼译校. 北京：中国人民大学出版社.

劳凯声. 2002. 社会转型与教育的重新定位. 教育研究，（2）：3-7，30.

李春玲. 2003. 社会政治变迁与教育机会不平等——家庭背景及制度因素对教育获得的影响（1940—2001）. 中国社会科学，（3）：86-98，207.

李刚，邓峰. 2016. 我国义务教育资源配置效率实证研究——基于 DEA-Tobit 模型. 现代教育管理，（11）：22-27.

李慧勤，刘虹. 2012. 县域间义务教育均衡发展的影响因素及对策思考——以云南省为例. 教育研究，（6）：86-90.

李继星. 2010. 关于义务教育均衡发展指标体系的初步思考. 人民教育，（11）：9-12.

李军杰. 2005. 经济转型中的地方政府经济行为变异分析. 中国工业经济，

（1）：39-46.

李均，郭凌. 2006. 发达国家改造薄弱学校的主要经验. 外国中小学教育，（11）：8-11，29.

李玲，何怀金，韩玉梅等. 2012. 县（区）域内城乡一体化教育资源配置模型构建与实证分析. 教育与经济，（1）：5-12，28.

李玲，宋乃庆，龚春燕等. 2012. 城乡教育一体化：理论、指标与测算. 教育研究，（2）：41-48.

李玲，陶蕾. 2015. 中国义务教育资源配置效率评价及分析——基于 DEA-Tobit 模型. 中国教育学刊，（4）：53-58.

李敏. 2011. 义务教育非均衡发展动力机制研究. 北京：中国社会科学出版社.

李祥云. 2009. 税费改革前后义务教育投入地区差异及其变化的实证分析. 教育研究，（10）：13-22.

李晓燕. 2010. 义务教育法律制度的理论与实践. 武汉：华中师范大学出版社.

李协京. 2004. 日本教育财政制度和教育立法的若干考察——教育均衡化发展的制度环境. 外国教育研究，4（3）：61-64.

李学. 2006. 城乡二元结构问题的制度分析与对策反思. 公共管理学报，（4）：87-93，111-112.

李智晖，邓承敏，刘世清. 2016. 数字化教育资源共享的传播——消费模式及其特征. 教育研究，（11）：54-57，73.

厉以宁. 1999. 关于教育产品的性质和对教育的经营. 教育发展研究，（10）：9-14.

梁清. 2006. 均衡发展：义务教育异化的超越. 教育理论与实践，（11）：20-23.

林金辉. 2012. 中外合作办学中引进优质教育资源问题研究. 教育研究，（10）：34-38.

林永柏. 2006. 关于教育公平的涵义及其特征的再思考. 辽宁教育研究，（12）：25-28.

林志伟. 2006. 我国城乡收入差距与教育差距的协整性分析. 山西财经大学学报（高等教育版），（4）：35-38.

刘复兴. 2013. 国外教育政策研究基本文献讲读. 北京：北京大学出版社.

刘辉. 2017. 城乡教育资源配置的合理选择：生态模式. 贵州社会科学，

（3）：104-109.

刘圣中. 2010. 历史制度主义——制度变迁的比较历史研究. 上海：上海人民出版社.

刘双，姜岩. 2009. 城乡义务教育均衡发展的研究. 农业经济，（10）：72-74.

刘颂. 2006. 我国义务教育发展的城乡差异分析. 辽宁教育研究，（11）：45-49.

刘泰洪. 2007. 中国地方政府竞争机制：一个制度经济学的分析范式. 人文杂志，（4）：71-75.

刘向荣，刘旭辉. 2006. 科南特教育机会均等思想述评. 河北大学学报（哲学社会科学版），（2）：31-34.

刘欣. 2008. 基础教育政策与公平问题研究. 武汉：华中师范大学出版社.

刘欣，李永洪. 2009. 新旧制度主义政治学研究范式的比较分析. 云南行政学院学报，（6）：22-24.

刘新成，苏尚锋. 2010. 义务教育均衡发展的三重意蕴及其超越性. 教育研究，（5）：28-33.

刘亚平. 2007. 当代中国地方政府间竞争. 北京：社会科学文献出版社.

刘有贵，蒋年云. 2006. 委托代理理论述评. 学术界，（1）：69-78.

卢国勋. 2006. 寄宿制学校——新农村建设的奠基工程. 人民教育，（12）：11-12.

吕旺实，贾康，石英华. 2006. 义务教育财政投入的不同建议比较. 经济研究参考，（4）：2-26.

吕炜. 2005. 我们离公共财政有多远. 北京：经济科学出版社.

吕炜，刘国辉. 2010. 中国教育均等化若干影响因素研究. 数量经济技术经济研究，（5）：20-33.

庞丽娟. 2009. 加快学前教育的发展与普及. 教育研究，（5）：28-30.

齐杏发. 2008. 政府行为的内在逻辑研究——复合利益的视角. 江西社会科学，（8）：183-186.

祁毓. 2009. 区域公平背景下我国财政对教育支持的绩效变迁及路径再完善——基于泰尔指数及其分解的视角. 地方财政研究，（8）：26-31.

钱颖一. 1995. 企业的治理结构改革和融资结构改革. 经济研究，（1）：20-29.

青木昌彦. 2001. 比较制度分析. 周黎安译. 上海：上海远东出版社.

瞿瑛. 2010. 义务教育均衡发展政策问题研究：教育公平的视角. 杭州：浙江

大学出版社.

沈亚芳. 2008. 二元经济结构转换下的农村教育——一般理论与中国实践. 生产力研究, (6): 26-28, 44.

盛明科, 杨满凤. 2017. 中国省级政府统筹教育发展效果的省级比较及其时空演化研究. 公共管理评论, (1): 104-119.

盛明科, 朱玉梅. 2014. 我国教育统筹发展的政策变迁: 问题及改进思路——基于 1979 年～2013 年国家教育政策文本的分析. 理论探索, (4): 75-79.

盛明科, 朱玉梅. 2015. 义务教育统筹发展的几点思考. 理论探索, (4): 99-102.

史宇鹏, 周黎安. 2007. 地区放权与经济效率: 以计划单列为例. 经济研究, (1): 17-28.

斯蒂芬·戈德史密斯, 威廉·D. 埃格斯. 2008. 网络化治理——公共部门的新形态. 孙迎春译. 北京: 北京大学出版社.

斯蒂芬·P. 罗宾斯, 蒂莫西·A. 贾奇. 2012. 组织行为学. 孙健敏, 李原, 黄小勇译. 北京: 中国人民大学出版社.

宋乃庆, 李森, 朱德全. 2013. 中国义务教育发展报告 (2012). 北京: 教育科学出版社.

宋乃庆, 朱亚丽. 2014. 统筹城乡背景下义务教育资源配置的差距分析——基于重庆和全国的数据比较. 教育与经济, (4): 3-8, 13.

宋小川. 2009. 教育的经济属性. 经济学动态, (2): 41-43.

孙志军, 杜育红. 2010. 中国义务教育财政制度改革——进展、问题与建议. 华中师范大学学报 (人文社会科学版), (1): 113-119.

唐丽萍. 2010. 中国地方政府竞争中的地方治理研究. 上海: 上海人民出版社.

唐纳德·凯特尔. 2009. 权力共享——公共治理与私人市场. 孙迎春译. 北京: 北京大学出版社.

唐志军. 2011. 地方政府竞争与中国经济增长——对中国之"谜"中的若干谜现的解释. 北京: 中国经济出版社.

汪伟全. 2009. 地方政府竞争秩序的治理——基于消极竞争行为的研究. 上海: 上海人民出版社.

王爱民. 2009. 财政分权、地方政府行为与公共教育支出. 金融与经济, (12): 47-49.

王桂云，李涛. 2010. 政府自利性与合法性危机——一种基于公共选择理论的分析. 社会科学家，（8）：45-48.

王金秀. 2002. "政府式"委托代理理论模型的构建. 管理世界，（1）：139-140.

王美艳，蔡昉. 2008. 户籍制度改革的历程与展望. 广东社会科学，（6）：19-26.

王蓉. 2004. 教育水平的差异与公共教育资源分配的不平等. 北大教育经济研究，（9）：2-26.

王善迈. 2000. 关于教育产业化的讨论. 北京师范大学学报（人文社会科学版），（1）：12-16.

王善迈. 2008. 教育公平的分析框架和评价指标. 北京师范大学学报（社会科学版），（3）：93-97.

王善迈，曹夕多. 2005. 重构我国公共财政体制下的义务教育财政体制. 北京大学教育评论，（4）：25-30.

王善迈，袁连生，刘泽云. 2003. 我国公共教育财政体制改革的进展、问题及对策. 北京师范大学学报（社会科学版），（6）：5-14.

王少华. 2010. 义务教育均衡发展的三个"不等式". 教学与管理，（8）：44.

王永钦，张宴，章元等. 2007. 中国的大国发展道路——论分权式改革的得失. 经济研究，（1）：4-16.

王元京. 2009. 中国城乡义务教育差别的制度障碍分析. 财政问题研究，（9）：3-10.

魏宏聚. 2008. 偏失与匡正——义务教育经费投入政策失真现象研究. 北京：中国社会科学出版社.

温涛，王小华，董文杰. 2013. 政府教育资源配置的绩效评价与改进路径——以重庆市为例. 西南大学学报（社会科学版），（2）：48-56，174.

沃尔特·W. 鲍威尔，保罗·J. 迪马吉奥. 2008 . 组织分析的新制度主义. 姚伟译. 上海：上海人民出版社.

吴春霞. 2007. 中国城乡义务教育经费差距演变与影响因素研究. 教育科学，（6）：1-5.

吴宏超. 2007. 义务教育均衡发展的现状与政府效能改进——基于湖北省的数据分析. 教育发展研究，（23）：44-48.

吴金群，耿依娜. 2008. 政府的性质——新制度经济学的视角. 浙江大学学报

（人文社会科学版），（2）：57-66.

吴玲，刘玉安. 2012. 中国基础教育资源配置问题研究. 中国行政管理，（2）：64-67.

向丽. 2005. 教育机会均等与教育制度公平探析. 教育探索，（10）：37-39.

谢蓉，孙玫璐. 2012. 我国小学教育资源配置水平评价及区域差异研究. 上海教育科研，（8）：17-19.

谢晓波. 2006. 地方政府竞争与区域经济协调发展. 浙江大学博士学位论文.

辛涛，黄宁. 2009. 教育公平的终极目标：教育结果公平——对教育结果公平的重新定义. 教育研究，（8）：24-27.

熊贤君. 1998. 千秋基业——中国近代义务教育研究. 武汉：华中师范大学出版社.

徐一超，施光明. 2012. 名校集团化——教育均衡发展的实践演绎. 杭州：浙江大学出版社.

杨东平. 2006. 从权利平等到机会均等. 北京大学教育评论，（2）：2-11，189.

杨东平. 2006. 中国教育公平的理想与现实. 北京：北京大学出版社.

杨明，桑信祥. 2010. 价值与选择：区域教育综合评价研究. 济南：山东教育出版社.

杨兆山，张海波. 2008. 标准化学校——教育均衡发展视角下农村义务教育的发展路径. 东北师大学报（哲学社会科学版），（1）：24-29.

姚继军，许芸. 2016. 集权化教育财政改革是否促进了省域内教育经费均等——基于县级数据的考察. 教育与经济，（5）：44-48.

姚继军，张新平. 2010. 新中国教育均衡发展的测度. 华东师范大学学报（教育科学版），（2）：33-42.

姚莉. 2008. 城乡教育均等化与"以省为主"财政投入体制的构建. 财会研究，（23）：7-10.

叶杰，周佳民. 2017. 中国生均教育经费支出的省际差异：内在结构、发展趋势与财政性原因. 教育发展研究，（23）：30-41.

易志斌. 2011. 地方政府竞争的博弈行为与流域水环境保护. 经济问题，（5）：60-64.

于发友，赵慧玲，赵承福. 2011. 县域义务教育均衡发展的指标体系和标准建构. 教育研究，（4）：50-54.

于长革. 2009. 中国式财政分权激励下的经济社会非均衡发展. 当代财政，（6）：36-40.

袁桂林. 2004. 农村义务教育"以县为主"管理体制现状及多元化发展模式初探. 东北师大学报（哲学社会科学版），（1）：115-122.

袁连生. 2003. 论教育的产品属性、学校的市场化运作及教育市场化. 教育与经济，（1）：11-15.

袁振国. 2001. 教育政策学. 南京：江苏教育出版社.

翟博. 2008. 教育均衡论——中国基础教育均衡发展实证分析. 北京：人民教育出版社.

翟博. 2013. 基础教育均衡发展理论与实践. 北京：教育科学出版社.

翟博，孙百才. 2012. 中国基础教育均衡发展实证研究报告. 教育研究，（5）：22-30.

詹姆斯·布坎南. 2009. 成本与选择. 刘志铭，李芳译. 杭州：浙江大学出版社.

詹姆斯·M. 布坎南. 2009. 公共物品的需求与供给. 马珺译. 上海：上海人民出版社.

张传萍. 2013. 从追求效率到追求公平——中国义务教育资源配置政策的变化. 教育科学研究，（7）：26-30.

张军，高远，傅勇等. 2007. 中国为什么拥有了良好的基础设施？. 经济研究，（3）：4-19.

张雷. 2009. 论城乡义务教育不平等的诱因及破解策略. 当代教育科学，（24）：56-58.

张茂聪，冯永刚. 2009. 公平与均衡视域下义务教育资源有效配置的研究——以山东省农村中学生进城就读现象为例. 教育研究，（12）：100-104.

张菀洺. 2013. 中国教育资源配置分析及政策选择——基于教育基尼系数的测算. 中国人民大学学报，（4）：89-97.

张维迎. 2004. 博弈论与信息经济学. 上海：上海人民出版社.

张显未. 2010. 制度变迁中的政府行为理论研究综述. 深圳大学学报（人文社会科学版），（3）：76-81.

张学敏. 2003. 义务教育的融合产品属性. 西南师范大学学报（人文社会科学版），（4）：107-110.

张雪. 2007. 如何理解"教育机会均等". 学术研究，（8）：116-119.

张亚丽，徐辉. 2016. 我国义务教育资源配置效率初探. 教育评论，（6）：8-11.

张媛，任翠英. 2008. 为了更加公平的教育——由印度的基础教育改革历程着眼. 外国教育研究，（5）：33-37.

赵海利. 2013. 中外公共教育资源分配公平性比较研究. 教育研究，（8）：133-141.

赵力涛. 2009. 中国义务教育经费体制改革：变化与效果. 中国社会科学，（4）：80-92，206.

赵琳，史静寰，王鹏等. 2012. 高等教育质量的院校类型及区域差异分析——兼论我国高等教育资源配置格局与质量格局. 清华大学教育研究，（5）：1-12.

赵琦. 2015. 基于 DEA 的义务教育资源配置效率实证研究——以东部某市小学为例. 教育研究，（3）：84-90.

郑方辉，廖逸儿，卢扬帆. 2017. 财改绩效评价：理念、体系与实践. 中国社会科学，（4）：84-108，207-208.

郑磊. 2008. 财政分权、政府竞争与公共支出结构——政府教育支出比重的影响因素分析. 经济科学，（2）：28-40.

中国教科院"义务教育均衡发展标准研究"课题组. 2013. 义务教育均衡发展国家标准研究. 教育研究，（5）：36-45.

中华人民共和国国家教育委员会计划建设司. 1991. 中国教育统计年鉴（1990）. 北京：人民教育出版社.

中华人民共和国国家教育委员会计划建设司. 1996. 中国教育事业统计年鉴（1995）. 北京：人民教育出版社.

中华人民共和国教育部发展规划司. 中国教育统计年鉴（2011—2014）. 北京：人民教育出版社.

中华人民共和国教育部发展规划司. 中国教育统计年鉴（2015—2016）. 北京：中国统计出版社.

中央教育科学研究所教育事业督导评估研究中心. 2010. 义务教育均衡发展

报告（2010）. 北京：教育科学出版社.

周洪新，杨克瑞. 2014. 教育资源配置中政府的责任. 教育发展研究，（1）：1-5.

周金玲. 2003. 农村义务教育经费筹措主体分析. 山东社会科学，（6）：35-39.

周黎安. 2007. 中国地方官员的晋升锦标赛模式研究. 经济研究，（7）：36-50.

周业安，王曦. 2008. 中国的财政分权与教育发展. 财政研究，（11）：16-19.

周长焕. 2003. 制度与行为者之间的关系——印第安纳学派的新制度主义. 北京行政学院学报，（3）：18-22.

朱德全，宋乃庆. 2007. 教育统计与测评技术. 重庆：西南师范大学出版社.

朱家存. 2003. 教育均衡发展政策研究. 北京：中国社会科学出版社.

转型期中国重大教育政策案例研究课题组. 2005. 缩小差距：中国教育政策的重大命题. 北京：人民教育出版社.

庄西真. 2008. 权力的滞聚与流散——地方政府教育治理模式变革的研究. 南京：南京师范大学出版社.

Aspinwall M D，Sehneider G. 2000. Same menu，seperate tables：The institutionalist turn in political science and the study of European integration. European Journal of Political Research，（1）：1-36.

Breton A. 1996. Competitive Governments：An Economic Theory of Politics and Public Finance. New York：Cambridge University Press.

Crawford S E S，Ostrom E. 1995. A grammar of institutions. American Political Science Review，（3）：582-600.

Hall P A，Taylor R，1996. Political science and the three new institutionalisms. Political Studies，（5）：936-957.

Lane J E，Ersson S. 2000. The New Institutional Politics：Performance And Outcomes. London：Routledge.

Jean C，Oi. 1992. Fiscal reform and the economic foundation of local state corporatism in China. World Politics，45（1）：99-126.

Jean C，Oi. 1995. The role of the local state in China's transitional economy. China Quarterly，144：1132-1149.

Jr Lucas R E. 1988. On the mechanics of economic development. Journal of Monetary Economics，22（1）：3-42.

March J G，Olsen J P. 1984. The new institutionalism：Organizational factors in political life. American Political Science Review，（3）：734-749.

Moore W E. 1954. Economics and economic policy of dual societies as exemplified by Indonesia. J. H. Boeke. American Anthropologist，56（6）：1149-1151.

Nabli M K，Nugent J B. 1989. The new institutional economics and its applicability to development. World Development，（9）：1333-1347.

Oates W E. 1972. Fiscal Federalism. New York：Harcourt Brace Jovanovich.

Ostrom E，Gardner R，Walker J. 1994. Rules，Games，and Common-Pool Resources. Ann Arbor：University of Michigan Press.

Ostrom E，et al. 1991. Rational choice theory and institutional analysis，toward complementarity. American Political Science Association，85（1）：237-243.

Powell W W，Dimaggio P J. 1991. The New Institutionalism in Organizational Analysis. Chicago：The University of Chicago Press.

Scott W R. 2013. Institutions and Organizations：Ideas，Interests，and Identities. California：Sage Publications.

Victor N. 1989. A theory of market transition：From redistribution to markets in state socialism. American sociological Review，（5）：663-681.

Walder A G. 1995. Local governments as industrial firms：An organizational analysis of China's transitional economy. American Journal of Sociology，101（2）：263-301.

后 记

公平正义是新时代发展的主题，教育公平又是社会公平的基石。如同十九大报告对我国当前社会主要矛盾的判断一样，在义务教育领域，发展不平衡不充分的一些突出问题尚未解决，加之义务教育资源的稀缺性，使得义务教育资源配置绩效问题的研究变得尤为重要。实践中，我们也对中国义务教育资源的配置绩效在区域之间、城乡之间、校际的差距进行了考察。在此基础上，2013年，我们以义务教育资源配置的绩效评估为主要研究对象申报社会科学基金，并有幸得到资助。

课题研究是一项充满挑战的任务，呈现在大家面前的专著是课题组成员集体智慧的结晶。本书的第四章由黔南民族师范学院的吴红梅教授提供了部分材料、第五章由河南财经政法大学的李军超副教授提供了部分材料，整本书稿的撰写、修改主要由我完成。本书同时也是黔南民族师范学院行政管理重点学科的阶段性成果。由于对义务教育资源配置绩效评估的研究在理论与实践上都具有挑战性，从提纲讨论到课题草稿直至正式定稿，涉及的内容多，数据较为繁杂，至今尚有不完满之处，恳请各位专家、读者给予批评，不吝指导。

感谢国家社会科学规划办的支持与资助，感谢河南工业大学经济贸易学院的支持与督促，使我们能够如期完成课题，更感谢积极参与该课题的各位同仁，你们以求真务实的精神、孜孜不倦的态度、清晰的思维逻辑，帮助我理顺研究线索、拓宽研究思路，没有你们的共同参与、踊跃讨论，课题也难以完成。在该书稿出版的过程中，科学出版社对书稿提出了中肯的修改意见和建议，感谢出版社编辑为该书的出版所付出的辛勤劳动，感谢所有帮助我们的各位老师、同仁与朋友。

樊慧玲